삶이
흔들릴
때
장자를
읽습
니다

**삶이 흔들릴 때 장자를 읽습니다**
나를 단단하게 하는 2500년 고전의 힘

**1판 1쇄 발행** 2025년 6월 18일

**지은이** 김훈종

**기획편집** 정선영
**디자인** 문성미
**교정교열** 박단비
**제작** 세걸음

**펴낸이** 정선영
**펴낸곳** 도도서가
**출판등록** 2023년 1월 3일 제2023-000001호
**주소** 서울시 서대문구 증가로 2길 39, 203호
**이메일** dodoseoga@gmail.com
**인스타그램** @dodoseoga

**ISBN** 979-11-983121-4-3 03140

ⓒ 김훈종

이 책은 저작권법에 의해 보호받는 저작물이므로 무단 전재와 복제를 금합니다.
이 책의 일부 또는 전부를 재사용하려면 반드시 저자와 도도서가의 동의를 받아야 합니다.
책값은 뒤표지에 있습니다. 잘못된 책은 구입하신 곳에서 교환해드립니다.

# 삶이 흔들릴 때 장자를 읽습니다

나를
단단하게 하는
2500년
고전의 힘

김훈종 지음

도도
서가

들어가며

삶에 특별한 의미가 있어야 할까요? 누군가는 우리가 특별한 사명을 갖고 태어났다고 말하지만, 저는 생각이 다릅니다. 태어난 김에 그냥 사는 겁니다. 뭔가 대단한 소명의식을 가지고 있다고 큰소리로 떠벌리는 사람은 사기꾼이거나 과대망상증 환자일 수 있습니다. 타인에게 뭔가를 얻어내기 위한 허풍이거나 자신의 삶만 유독 특별하다고 여기는 병증일 겁니다.

몇 해 전부터 저는 영화 〈라이언 일병 구하기〉를 계절마다 한 번씩 감상합니다. 최고의 완성도를 담보한 작품이라고 감히 단언하지는 못합니다만, 어느덧 오십이 된 저에겐 인생영화입니다. 영화 속엔 삶의 비밀스런 의미가 숨겨져 있는데다, 곱씹어볼 만한 철학적 화두도 여럿 보이기 때문이죠. 라이언 일병(맷 데이먼 분)의 형제들이 모두 제2차 세계대전에 참전했다 사망하자, 존 밀러 대위(톰 행

크스 분)는 하나 남은 라이언 일병을 구해 오라는 명을 받고 작전을 수행합니다. 밀러 대위는 7명의 부하를 이끌고, 포탄이 빗발치는 전장을 헤매기 시작합니다. 언제 독일군의 총탄이 날아올지 모르는 위험 속에서, 부하들은 밀러 대위에게 볼멘소리로 항의하기 시작합니다. "누가 저한테 산수 좀 알려주시죠. 라이언 한 놈 살리자고, 우리 여덟 명이 목숨을 거는 게 말이 됩니까!"

공리주의 입장에서 바라보면, 백번 맞는 말입니다. 하지만 밀러 대위는 이렇게 대꾸합니다. "난 라이언이 누군지도 모르고 관심도 없다. 나에게는 아무 의미 없는 사람이야. 그냥 이름일 뿐이지. 하지만 라이언을 찾고 집에 돌려보내서 내게도 아내에게 돌아갈 자격이 생긴다면, 그게 내 임무야." 마침내 밀러 대위는 라이언 일병을 찾아내 그를 귀환시키려 했지만, 라이언 일병은 자신만 특혜를 받을 수 없다며 진지를 사수하겠다고 말합니다.

고뇌에 빠진 밀러 대위였지만, 끝내 라이언 일병과 함께 독일 병력을 막아내기로 결심합니다. 병력도 무기도 부족한 중과부적의 상태임에도 불구하고, 밀러와 동료들은 전차를 몰고 진격하는 독일군과 치열한 전투를 벌이다 하나둘 산화합니다. 뒤늦게 항공 지원과 더불어 미군의 본대가 밀려오지만, 이미 중상을 입은 밀러 대위는 '값지게 살라!'는 유언을 라이언 일병에게 남기고 죽음을 맞이하게 되지요.

군부대에서 이 영화를 정훈교육 자료로 사용한다면, 분명 밀러 대위의 국가에 대한 무한한 충성심을 찬양했겠지만, 저는 그렇게 해석하고 싶지 않습니다. 마치 유사 부자관계와 같은 밀러와 라이언의 모습에서, 오십 줄에 벌써 백발이 성성해진 저와 제 아들이 보이더군요. 밀러 대위는 누가 봐도 불합리한 명령을 묵묵히 수행하고, 라이언 일병을 살리며 세상을 떠났습니다. 저 역시 부조리와 불합리로 점철된 세상에서 가장 노릇을 하며 지내온 지 벌써 스무 해가 훌쩍 넘습니다. 밥벌이의 고달픔을 감내하며 밀러 대위처럼 한 발 한 발 내디뎌 여기까지 왔습니다. 저만의 이야기는 아닐 겁니다.

마냥 청춘일 줄 알았던 인생이 어느덧 황혼기에 접어들기 시작하자, 삶의 허무가 찾아오더군요. 돌이켜보자니, 백 년도 살지 못할 인생인데 마치 삼천 년쯤 살 것처럼 욕심을 부리고 거염도 내며 살아온 삶입니다. 삼십 대나 사십 대 시절 이미 헨리 데이비드 소로의 《월든》을 손에 놓지 않고 읽으며 살아왔습니다. 하지만 그 시절 저는 마치 리무진 좌파가 그러하듯,《월든》의 정수를 놓친 채 마치 삶의 장식처럼 활용했습니다. 몸은 욕망과 허영에 찌들어 있으면서, 주둥이로만 자연과 무소유를 쏟아냈습니다.

오십에 접어들자, 마음은 허탈해지고 몸은 더더욱 허망해졌습니다. 여기저기 아픈 데가 생기고, 노안이 찾아와 글자는 제대로 보이지도 않습니다. 한때 세상을 다 쥐고 흔들어보리라 다짐하던 청년은 어디 가고, 월든 호수를 바라보며 편히 쉬고 싶은 중년의 사내가 거울 속에 보이네요. 이제야 진정 헨리 데이비드 소로의 정신을 이해할 수 있게 되었을 즈음, 저에게 찾아온 구원의 손길이 있었으니 바로《장자》입니다.

> 노담老聃이 태어난 것은 그저 노담이 태어날 때였기 때문이고,
> 노담이 죽은 것은 노담이 죽을 때가 되어서 그런 것이다.
> 태어날 때를 편하게 맞이하고 돌아갈 순서를 편하게 따르면,
> 거기에 슬픔과 기쁨 따위가 끼어들 틈이 없다.
> 옛사람들은 이를 일컬어
> '하늘의 속박에서 벗어나는 것'이라 말했다.
> ⊙《장자莊子》내편 양생주養生主

여기서 노담은 노자를 뜻합니다. 노자가 세상을 떠나자, 진일秦失이 조문을 갔다가 제자와 나눈 문답 가운데 한 구절입니다. 서너 해 전 저는 모친상을 당했습니다. 난생 처음으로 피붙이 가족의 죽음을 맞닥뜨리고 세상만사가 허망하던 당시, 제 마음에 위로가 되어주었던《장자》의 한 대목이기도 합니다. 삶과 죽음은 어쩌면 인간에게 가장 중요한 문제일지 모릅니다. 그러나 우리는 죽음을 외면하며 살아가지요. 죽음을 껴안고 살 수는 없으니까요. 그러다 가까운 누군가의 죽음이 찾아오면, 다시금 죽음을 떠올립니다. '내 어머니 역시 밀러 대위처럼 묵묵히 세상을 살아가시다, 나에게 삶을 주시고 떠나갔구나!' 삶과 죽음이 하나라는 장자의 사생관을 조금은 이해할 수 있었습니다.

세상만사 뭐든 때가 있는 법이거늘, 책도 마찬가지입니다. 스무

살에 읽었던 《장자》와 나이 오십이 다 되어 읽은 《장자》는 다른 책이었습니다. 《장자》에 나온 한 구절 한 구절이 어찌나 마음을 울리던지요. 이리저리 좌충우돌하며 살아온 인생이 가엾고 부끄러웠습니다. 공자는 하늘의 명을 깨닫는 나이라고 오십을 지천명知天命이라 일컬었는데, 그 이유를 조금은 알 것도 같습니다. 천명이 별게 아니고 그저 삶과 죽음에 대한 이해요, 부대끼거나 얽매이지 않고 자신의 삶을 진솔하게 살아가라는 명령임을 깨닫습니다.

《한서예문지漢書藝文志》에 따르면, 《장자》는 총 52편으로 이루어져 있습니다. 서진西晉 시기 곽상郭象이 이를 간추려 내편, 외편, 잡편 총 33편으로 구성해 후대에 전하고 있지요. 이 가운데 내편은 문체가 수려하고 비유와 묘사가 뛰어나 문학적 완성도가 높은데 반해, 외편과 잡편은 조금 떨어집니다. 하여 내편을 장자의 정수로 여기고, 외편과 잡편은 후대 장자를 추종하는 세력들이 창작한 것으로 여깁니다.

《장자》는 《논어》, 《맹자》, 《춘추》 등 여타 제자백가 경전들과 달리 우언寓言으로 이루어져 있다는 점도 특기할 만합니다. 산문의 미학이 생생히 살아 있는 이야기를 감상하다 보면, 어느새 삶의 의미에 대해 반추하고 있는 자신을 발견하게 될 겁니다. 더하여 각 장의 끝머리에는 '필사'면을 두었습니다. 이 책에서 제가 소개하는 수많은 구절 가운데 유독 마음에 와닿는 내용이 있을 겁니다. 제가 그랬듯, 《장자》 일부를 직접 손으로 쓰고 입으로 소리 내어 읽다 보면 마음공부에 도움이 되실 겁니다. 마음이 시끄럽고 정신이 산란해져 속이 문드러질 것 같으면 그런 구절을 필사하며 마음의 평온을 찾으시길 바랍니다.

 졸고를 마무리하며 작은 소망이 있다면, 이 책을 읽고《장자》를 찾아 읽어보시길 바랍니다. 저 역시 거듭 퇴고를 하며 읽다가 새삼 깨달았습니다. 저의 개똥철학은 비록 남루하지만,《장자》원문은 얼마나 생동감 넘치고 깊은 여운을 남기던지요. 소요유逍遙遊, 양생주養生主, 제물론齊物論 등 어느 한 편이든 우리의 삶이 나아갈 방향을 가리키고 있으니, 부디《장자》를 일독해보시길 바라봅니다. 오십에 가까운 나이라면 농밀한 위로를 얻을 것이고, 그보다 젊다면 세상을 바라보는 안목과 지혜를 얻어 가실 겁니다.

## 차례

들어가며 4

### 사는 게 팍팍해지니 13
먹고사니즘의 문제 앞에서 • 욕망과 부의 속성 • 주인인가 노예인가

### 마음이 괴롭고 분주하다면 30
걱정과 정면 승부하는 법 • 뜻을 하나로 모아 잡념을 가라앉힐 것

### 비록 삶이 남루하게 느껴지더라도 44
인생 2회 차를 꿈꾸는 사람들 • 인정욕구의 양면성 • 나의 쓸모를 입증하기 전에 • 자존심과 자존감의 차이 • 타자의 기준에서 벗어나야

### 기댈 곳 없다 느껴질 때 66
지금 당신에게 필요한 것 • 시비와 호오를 넘어 • 광활한 들판에 서 있는 나무처럼

### 관계에 지친 당신에게 80
불행하다면 관계를 돌아보라 • 정주민적 관계에서 벗어나 유목민적 관계로 • 관계에도 손절이 필요하다

### 가장 먼저 회복해야 할 가치는 '나' 92
나와 관계 맺기의 시작 • '상'을 맺지 않는 연습하기

### 자아를 올곧게 세우려면 104
나를 죽여, 나를 되찾다 • 애써 갈고 다듬지 않아도 • 참된 행복에 이르는 길

### 시시비비를 넘어 온전한 자유를 누리면 116
혼돈의 시대 속에서 • 장자가 추구한 인간상 • 삶이 피곤한 이유 • 번뇌에서 벗어나야

### 자유로운 삶, 자연스런 삶 130
물처럼 유연하고 겸손하게 • 마음먹는 일이 마음대로 되지 않는다면

### 걱정에 치여 사는 당신에게 140
때론 모르는 게 약이다 • 조금은 무심하되 의연하게 • 한 박자 쉬는 여유의 필요성

### 문제를 인식하는 것이 문제를 해결하는 것이다 152
제아무리 학식이 뛰어나도 • 헛똑똑이가 되지 않으려면 • 참된 지혜로움이란

### 내 삶의 주인공은 누구인가 166
이름이란 손님에 불과한 것 • 중요한 것은 내 행동의 동기 • 이름의 무게에 짓눌리기 전에

### 내가 가는 길이 누군가의 길과 달라도 180
다를 수 있지만, 틀릴 수는 없다 • 자신의 본성을 해치지 말 것 • 다수의 길에서 벗어날 수 있는 용기

### 타인의 시선이나 평가 대신 194
부와 명예에 초연할 때 얻을 수 있는 것 • 진흙 속에 꼬리를 끌더라도 • 눈 깜짝할 사이 끝나는 인생

### 매일을 축제처럼 206
삶과 죽음은 하나 • 그저 평범한 일상의 소중함

### 하루살이의 삶 216
순례객의 마음으로 • 죽음에도 연습이 필요하다 • 하루 한 번 자기 성찰의 힘

### 오십에도 요동치는 마음 228
욕망은 물질로 치환되고 • 내 마음의 병마용을 어찌하나 • 오직 필요한 것에만 집중하는 연습

### 무엇을 피하고 무엇을 따를까 240
여불위와 진시황의 공통점 • 한단지몽의 교훈 • 인생을 허비하지 않으려면 • 3 대 7의 법칙

# 사는 게 팍팍해지니

군자는 자신이 처한 자리에서 해야 할 일을 처리할 뿐,
그 밖의 것을 바라지 않는다.
부귀富貴를 얻으면 부귀에 맞게 행하고,
빈천貧賤에 처해서는 빈천에 맞게 행한다.
오랑캐에 처하면 오랑캐 법도에 맞게 행하며,
환난에 처하면 환난에 맞게 행한다.
군자는 어떤 상황에서도 스스로 터득하지 못함이 없다.

⊙ 《중용中庸》


1997년 10월, 저는 최전방 사단 신병교육대 32번 훈련병이었습니다. 살을 에는 찬바람을 맞으며 각개전투 교장에서 구르고 돌아오면, 온몸은 욱신거렸고 삼시 세끼를 머슴밥으로 욱여넣어도 허기

가 몰려왔습니다. 관물대마다 하나씩 놓인 건빵과 우유는 빛과 소금이요, 새벽바람 사초롱이었습니다. 불면 꺼질세라 소중히 품에 안고 건빵을 우걱우걱 씹으며 우유 한 모금을 마시면, 머릿속에서 종이 울렸죠. 그러다 훈련 3주차에 접어든 어느 날, 소대장은 비장한 표정으로 내일부터 우유 급식이 끊길 거라고 통보했습니다. 그리고 지금 바깥 사회는 난리가 났으니, 밥 먹여주고 재워주는 군대에 있다는 걸 다행으로 여기라는 훈계를 덧붙였죠.

당시 대한민국은 IMF 외환위기로 휘청거리고 있었고, 훗날 영화나 드라마를 통해 당대의 잔혹했던 경제 상황을 제대로 파악할 수 있었습니다. 손가락에 꼽던 재벌 대기업은 물론이요, 은행마저 무너져 내리며 그야말로 '한국판 대공황'이 일어났습니다. 월급쟁이는 월급쟁이대로 하루아침에 직장을 잃었고, 자영업자는 자영업자대로 줄줄이 폐업을 해야만 했습니다. 서울역엔 노숙자가 넘쳐났고, 대학가에는 등록금이 없어 휴학하는 학생들이 줄을 이었습니다. 헐값에 경매로 나오는 아파트가 부지기수였고, 주식을 비롯한 대부분의 자산은 반토막이 났지요.

그런데 요즘 '제2의 IMF'가 찾아온 것 같다고 말씀하는 분들이 주변에 넘쳐납니다. 1997년 벌어졌던 일련의 비극적 사건들이 역사의 한 페이지가 아닌 현재진행형으로 몰려온다는 아우성이 빗발칩니다. 세계를 주름잡던 대기업이 무너져 내리고, 중소기업과 자영업자는 도산과 폐업의 수렁에 빠져 있고, 주식을 비롯한 자산 시장은 빙하기에 접어든 모습이 어찌나 닮아 있는지요. 생계가 팍팍해지니 갈수록 인심도 메말라갑니다. 그럴 수밖에요. '항산恒産이 있어야, 항심恒心이 있다'는 맹자孟子의 말씀을 굳이 인용하지 않더라도, 먹고사는 문제가 어려워지면 마음이 강퍅해지고 성마르게 변하는 건 인지상정人之常情입니다.

### 먹고사니즘의 문제 앞에서

주기적으로 만나는 고등학교 동창 가운데, 퇴사 후 다음 직장으로 갈아타기 위해 노력하던 친구가 있습니다. 다시금 취업에 성공한 후 재회한 친구는 '그동안 추억을 안주 삼아 술잔을 기울이며 흥겹게 노는 것처럼 보였겠지만, 실은 속이 썩어 문드러졌었다!'고 고백하더군요. 친구들 가운데 때 이른 명예퇴직자도 생겼습니다. 고작 예닐곱 명 만나는 모임에서 두 명씩이나 이런 상황이니 저 역시 덜컥 겁이 나더군요. '명예퇴직이나 희망퇴직이 결코 남 일이 아니구나!' 하필이면 그 즈음 제가 몸담고 있는 방송국의 모회사가 흔들린다는 뉴스가 쏟아져 나왔고, 실제 제작비 예산 삭감이 뒤이어 벌어지니 등골이 오싹해졌습니다.

친지 결혼식장에서 만난 사촌 동생은 땅이 꺼져라 한숨을 내쉬었습니다. 얼마 전 피자 가게를 접었다고 하더군요. 빵집, 커피숍, 무인 아이스크림 가게 등 아직 마흔이 안 된 동생의 폐업 리스트는 길고도 험난합니다. 집으로 돌아오는 길, 마음이 무거워지며 문득

'우리는 왜 평생 돈에 치여 살아가나!'라는 질문이 머릿속을 가득 채웠습니다.

중국 역사의 시발점인 춘추전국시대에도 먹고사는 문제는 탁월한 사상가들조차 피할 수 없는 화두였습니다.

> 태사공太史公은 말했다.
> "나는 신농씨神農氏 이전의 일은 알지 못한다.
> 《시경詩經》과《서경書經》에서 말하는
> 하夏나라 이래의 정황을 살펴보면,
> 귀와 눈은 아름다운 소리와 모습을 한껏 즐기려 하고
> 입은 소와 양 따위의 좋은 맛을 보려 하고
> 몸은 편하고 즐거운 것을 좋아하고
> 마음은 권세와 영화를 자랑하고 싶어 한다.
> (중략)
> 세상을 가장 잘 다스리는 방법은 자연스러움을 따르는 것이고
> 그다음은 백성을 이롭게 하여 이끄는 것이고
> 또 그다음은 백성을 교화하는 것이고
> 가장 정치를 못하는 것은 백성과 이익을 다투는 것이다."
> ⊙ 《사기史記》화식열전貨殖列傳

일찍이 사마천 역시 돈에 대한 욕망은 인간의 본성임을 인정했습니다. 동서고금을 막론하고 재화에 대한 인간의 갈망을 부정하지는

못했습니다. 심지어 신성한 종교조차도 그랬지요. 성경에 나오는 오병이어五餅二魚의 기적은 '먹을 것'에 대한 인류의 욕망을 인정한 사례입니다. 불경에서도 '인간이 세상을 살아가는 것은 오직 빵에 의해서만은 아니다'라는 말로 인간이 빵 없인 살 수 없는 존재임을 선선히 인정하며, 욕망을 있는 그대로 바라보라고 주문합니다. 다만, 과도한 욕망과 집착에서 벗어나 해탈하기 위해 마음공부를 하라는 것이지요. 인간은 밥을 먹고 추위를 피해 옷을 입어야 하며 제 한 몸 뉘일 잠자리가 필요한 유기체이기 때문입니다.

 욕망에 관한 가장 큰 대전제는, 우리는 먹고 자고 싸야 하는 몸뚱이를 지닌 동물로서 욕망을 본성으로 탑재하고 있다는 사실을 인정하는 것입니다. 그렇다면 용천수처럼 끝없이 솟아나는 욕망을 어떻게 받아들여야 할까요.
 세계적인 베스트셀러《돈의 심리학》의 작가 모건 하우절이 자신의 아들에게 쓴 편지에서 그 단초를 찾아볼 수 있습니다. 갓 태어난 아들에게 보내는 편지의 내용을 요약하자면, 우리가 얻은 모든 부富가 우리의 노력만으로 이루어진 것도 아니요, 반대로 우리의 모든 빈곤이 우리의 게으름 때문이 아님을 알아두라는 당부입니다. 우리가 어떤 가정환경에서 태어나고, 어떤 나라에서 태어나고, 또 어떤 시기에 태어났는지는 우리의 소관이 아니라는 말도 덧붙입니다.
 흔히 진학에 실패했거나 취업 혹은 사업에서 고전하는 사람들에게 '운칠기삼運七技三'이라는 위로의 말을 자주 하는데요, 저의 경험칙으로는 칠 할도 부족합니다. 굳이 수치로 표현하자면, '99퍼센트의 운과 1퍼센트의 노력'이라고 해도 과언이 아닙니다.

오해를 살까 봐 말씀드리자면, 인생에서 노력이 중요치 않다는 얘기가 아닙니다. 그 1퍼센트의 노력 덕분에 누군가는 엄청난 성취를 이뤄내고, 누군가는 실패의 길을 걷게 됩니다. 제아무리 수많은 행운이 휘몰아쳐도, 1퍼센트의 노력이 준비되지 않은 자의 행운은 결실을 맺지 못하고 포말처럼 사라져버립니다.

다만, 아무리 노력해도 누군가는 운이 따라주지 않아 부자가 될 수 없다는 진실을 직시하자는 말입니다. 우리가 소유한 부는 결코 합리적인 원리로 세상이 굴러가면서 이루어낸 결과물이 아님을 명심해야 합니다. 어쩌면 행운과 불운이 휘몰아치며 빚어낸 광기 어린 괴물에 가깝지요.

'가난은 나라님도 구제하지 못한다'는 말이 있지요. 어린 시절 이 말을 처음 접했을 때, 백성들의 먹거리를 해결하지 못한 임금이 자신의 책임을 덜고자 만들어낸 프레임이라 생각했습니다. 여전히 그 생각엔 변함이 없지만, 한 가지 덧붙이고 싶은 해석이 있습니다.

전근대 절대왕권의 시기 나라님의 존재란 하늘이 내린 사람 즉, 천자天子였습니다. 하늘의 명, 천명天命을 받들어 백성들을 다스릴 수 있는 권한을 부여받은 군주는 그 통치의 근거 역시 천명에서 찾았습니다. 가난은 나라님도 어찌하지 못한다는 표현은 다시 말하자면, 하늘도 어찌하지 못하는 영역이라는 뜻입니다. 모건 하우절의 생각처럼 우리의 가난이나 부유함은 우리의 소관이 아닌 우주의 섭리라는 말이요, 우리가 애써 노력한들 바꿀 수 있는 정도에는 한계가 존재한다는 얘기지요.

### 욕망과 부의 속성

다시 한번 정리합니다. 돈에 대한 우리의 욕망은 너무도 자연스런 것이며, 또한 우리의 빈부는 우주의 섭리에 속하는 것이니 어찌할 도리가 없음도 받아들여야 합니다.

더하여 돈에 관한 갈망은 소금물 같아, 마시면 마실수록 조갈이 난다는 점을 강조하고 싶습니다. 한 온라인 직장인 게시판에서 본 내용입니다. 누군가가 부동산과 주식으로 대박을 내 10억을 벌었다고 자랑하며 한숨을 쉽니다. "10억을 벌었지만 새벽같이 출근하고 밤늦게 퇴근하는 내 인생에는 그다지 큰 변화가 없네요. 30억쯤 벌면 극적인 변화가 생길까요?" 댓글에 "저는 30억을 벌었지만, 여전히 제 삶에는 변화가 없었습니다. 50억쯤 손에 쥐면 달라질까요?"라는 질문이 남겨졌고, 이어서 50억을 벌었다는 누군가가 다시 등장해 똑같은 내용의 답변을 남겼습니다.

도미노처럼 이어지는 댓글에서 보유한 자산의 규모는 점점 커져갔지만, 여전히 자신의 삶을 변화시킬 정도로 경제적 자유를 이루지는 못했다는 고백이 이어졌습니다. 누군가에겐 이른 은퇴를 할 수 있는 금액이 다른 누군가에겐 그저 여윳돈 정도로 여겨졌고, 누군가의 여윳돈이 다른 누군가에겐 푼돈 취급을 받는 기이한 현상을 목도한 것이지요. 결국 아무리 많이 가져도 결코 충분히 가질 수는 없다는 결론에 다다르게 되었습니다.

아홉을 가지면 열을 채우고 싶어지고, 아흔아홉을 손에 쥐면 기어코 백을 만들어버리겠다는 인간의 끝 간 데 없는 욕망을 바라보고 있자니, 문득《장자》의 한 대목이 생각났습니다.

공자孔子가 근심스러운 듯이 한숨을 내쉬고는
이내 두 번 절하고 일어나 말했다.
"저는 노魯나라에서 두 번이나 쫓겨났고,
위衛나라에서는 입국 금지를 당했고,
송宋나라에서는 나무를 베어 쓰러뜨려 죽이려는
위협을 당했고,
진陳나라와 채蔡나라 사이에서는 포위당해 곤욕을 치렀습니다.
저는 무엇을 잘못했는지 알지 못합니다.
제가 이러한 모함을 네 번이나 당한 것은
무엇 때문이었을까요?"
나그네가 측은하다는 표정을 지으며 말했다.
"선생은 정말 귀가 어둡군요. 예를 한번 들어봅시다.
자신의 그림자가 두렵고 자신의 발자국이 싫어서,
그것들을 피해 도망치는 자가 있었소.

발을 움직이는 속도가 빨라질수록 발자국은 더 많아지고
도망가는 속도가 빨라질수록
그림자는 몸에 더 바짝 붙어 떨어지지 않았습니다.
그래서 그자는 자기가 아직 느리게 달려서 그런 것이라
생각하고는 쉬지 않고 질주하였는데,
결국 기력이 다해 죽고 말았습니다.
그런데 만약 그자가 그늘로 들어갔더라면
그림자는 없어졌을 테고,
또한 가만히 있었더라면 발자국도 생기지 않았을 텐데,
그자는 지나치게 어리석었던 겁니다."

⊙ 《장자莊子》잡편 어부漁父


자신의 그림자가 싫어서 떼어놓으려고 아무리 빨리 달린다 해도, 우리는 결코 자신의 그림자를 떨어뜨릴 수 없습니다. 물리적으로 불가능한 일이지요. 그림자를 떼어놓으려고 발버둥 치는 어리석음과 돈에 대한 욕망에 빠져 허우적대는 모습이 묘하게 겹쳐 보이며, 한 가지 깨달음을 전해줍니다.

돈에 대한 욕망에 사로잡혀 있다면, 아무리 돈을 많이 벌어도 돈에서 자유로울 수 없습니다. 백 원을 가지면 천 원이 부럽고, 천 원이 있으면 만 원을 원하게 되어 있기 때문이죠. 그렇다면 우리가 '그늘'을 찾아갈 수 있는 방법은 무엇일까요? 중국 역사상 손에 꼽는 거부 석숭石崇과 왕개王愷의 일화에서 그 단초를 찾을 수 있습니다.

《삼국지연의三國志演義》의 역사적 배경이던 후한이 망하고 위나라에 이어 들어선 서진西晉이 그 배경입니다. 석숭은 부정부패와 가렴주구를 일삼으며 거부를 모았습니다. 석숭이 자신의 부를 과시하던 중 외척 왕개가 거부라는 소문을 듣고는, 치졸한 마음에 그와 사치 대결을 펼치게 됩니다.

왕개가 집안에서 설거지를 할 때 엿물을 사용했다고 전해지자, 석숭은 밥을 지을 때 양초를 땔감으로 사용했다고 전해집니다. 또 왕개가 자신의 집 주변 40여 리에 걸쳐 비단으로 장막을 치자, 석숭은 이에 질세라 50여 리에 걸쳐 비단 장막을 둘렀습니다. 이뿐 아니라 사람의 젖을 먹여 키운 돼지고기 요리, 우유를 먹여 기른 닭고기 요리 등 두 부호는 자신의 부를 과시하기 위해 온갖 기행을 일삼았습니다. 지금 행해도 기괴한 일들을 수많은 백성이 굶어 죽어나가던 그 절대빈곤의 시절에 저질렀다는 게 믿기지 않을 정도입니다.

주체할 수 없는 부를 지녔던 석숭과 왕개는 도대체 왜 엽기적 행각을 벌여가며 자신의 부를 과시하려 했던 걸까요? 결론부터 말하자면, 돈에 대한 욕망의 무게중심이 자신에게서 벗어나 있기 때문입니다. 돈을 사용함에 있어 자신의 만족감보다는 타자의 시선이 더 중요하고, 자신의 행복감보다는 타인의 부러움이 더 간절한 것이죠.

예를 하나 들어볼까요. 똑같이 돈을 써도 누군가는 자신의 만족을 위해 질 좋은 속옷을 사서 입는가 하면, 다른 누군가는 남들 눈에 띄는 외투를 구매합니다. 소비에 관한 철학이 전혀 다르기 때문에 벌어지는 일입니다.

 물론, 자신의 부를 과시하려는 욕망은 인간의 본성에 가깝습니다. 동서양 문명 교류의 상징처럼 여겨지는 실크로드도 알고 보면 인간의 과시욕 때문에 열린 길입니다. 당시 로마인들은 자신의 몸에 부드러운 비단을 걸치며 부를 마음껏 과시했습니다. 하지만 석숭과 왕개의 치졸한 대결에서 볼 수 있듯이, 타인과의 경쟁이라는 구도 속에서 재화를 축적하고 소비하는 행동은 세상 오직 한 사람에게만 만족감을 줄 수 있습니다. 워렌 버핏이나 일론 머스크조차, 자신보다 단 1달러라도 재산이 많은 사람 앞에서는 충분히 소유했다고 여길 수 없으니까요.

 남에게 과시하려고, 남과 견줘서 우위에 서려고 재산을 모으고 소비하는 한, 아무리 열심히 달려도 자신의 그림자를 따돌릴 수 없는 사람처럼 결국에는 지쳐 쓰러지게 됩니다. 자신의 마음을 향한 재산의 축적, 자신의 만족을 위한 재산의 소비를 이뤄낼 때 비로소 우리는 그늘 속으로 들어갈 수 있습니다. 그늘에 들어섰다는 것은 돈에 대한 욕망의 무게중심이 내 안으로 살포시 옮겨왔다는 의미입니다. 돈의 노예에서 돈의 주인이 되었음을 뜻하지요.

## 주인인가 노예인가

위衛나라의 한 부부가 축원祝願하며 다음과 같이 말했다.
"저희에게 베 백 필을 내려주시옵소서."
남편이 말했다.
"여보 어찌해서 조금만 바라오?"
아내가 답했다.
"백 필보다 많이 얻게 되면,
당신은 첩을 들일 것이기 때문이오!"
초楚나라 왕이 공자公子들을 사방 이웃 국가로 보내
벼슬살이를 살라고 하자,
신하 대헐戴歇이 말했다.
"아니 됩니다."
왕이 말했다.
"공자들을 사방 이웃 국가에 보내면,
사방 이웃 국가에서는 그들을 반드시 중용할 것이오."
대헐이 말했다.
"공자들이 이웃 국가로 나가면 중용될 것입니다.
공자들이 중용되면 반드시 그 나라를 위할 것입니다.
그렇게 되면 공자들이 외국과 결탁할 것이고,
우리 초나라에 유리하지 않습니다."

⊙ 《한비자韓非子》 내저설內儲說

먼저, 전반부 부부의 축원 얘기를 살펴볼까요? 이 짧은 문답 속에서 무엇을 느끼시나요? 인간이란 정말 간사한 존재구나, 혹은 돈이 너무 많아지면 인간은 필연적으로 타락한다, 혹은 노력 없이 주어진 재산은 결국 화근이다 등등 다양한 해석이 가능할 겁니다. 하지만 저는 이 대화에서 통속적인 처세훈을 넘어선 다른 의미를 찾아보고 싶습니다. 바로 '정체성'의 문제입니다.

오직 베 백 필만을 축원했던 아내는 눈치채고 있었던 겁니다. 베 천 필이 생기면 남편의 정체성이 변화하리란 것을요. 자신을 사랑하던 남편이 주체할 수 없는 돈에 휘둘려 딴짓을 하게 된다면, 부부 관계는 파탄 나는 것이고 남편은 더 이상 남편이 아닌 것이지요.

위나라 부부의 문답을 정체성의 문제로 치환할 수 있는 근거를 바로 뒤에 이어지는 초나라 공자들에 관한 이야기에서 찾아볼 수 있습니다. 초나라 왕의 입장에서는 지체 높은 집안의 자제들을 주변 나라로 파견해 벼슬살이를 시키면 초나라에 유리한 정책을 입안할 것이라 생각했지만, 이웃 국가의 녹을 받은 초나라 공자들은 더 이상 초나라 공자가 아닙니다. 정체성이 변해버린 것이죠.

위나라 부부의 관계를 나 자신으로 투영해봅니다. 그림자를 떼어놓으려 전력으로 질주하는 나와 그늘에 들어가 그림자를 없애버린 나. 우리는 두 자아 가운데 하나를 택해야 합니다. 베 천 필을 원하는 남편은 전력 질주하다 지쳐 쓰러져버린 나이고, 그저 백 필이면 족하다고 축원한 아내는 그림자로 들어간 나입니다. 하나는 돈의 노예가 된 것이고, 다른 하나는 돈의 주인이 된 겁니다. 여러분은 어떤 자아를 선택하시겠습니까?

이어 《장자》에서 제가 가장 좋아하는 구절을 소개합니다. 저는 돈에 대한 욕망에 제 자신이 휘둘리고 흔들릴 때마다, 다음 구절을 되새기며 마음을 다스립니다.

주평만朱泙漫은 지리익支離益에게 용龍을 때려잡는 법을 배웠다. 천금이나 되는 돈을 몽땅 쏟아부어 삼 년 만에 기술을 터득했다. 하지만 그 기술을 쓸데가 없었다.
⊙ **《장자莊子》 잡편 열어구**列禦寇

주평만과 지리익은 모두 허구의 인물입니다. 거금을 들여 용을 때려잡는 법을 배웠는데, 아무짝에도 쓸데가 없다는 짧은 구절입니다만, 저에겐 큰 울림을 안겨준 명문입니다. 특히나 돈에 관한 욕망이 마음속 깊은 곳에서 용솟음 칠때마다, 이 구절을 되뇌고 필사합니다. 존재하지도 않는 용을 때려잡겠다고 천금과 삼 년이란 시간을 들인 주평만의 어리석음과 욕망에 눈이 먼 저의 아둔함이 겹쳐 보입니다.

돈에 관한 인간의 욕망에는 한계가 없습니다. 가지면 가질수록 더 채우려 들지요. 그 욕망을 주워섬기자면, 솟구쳐 터져나오는 말을 멈출 수가 없습니다. 재물을 탐하는 인간의 욕망은 완결된 숫자나 단어로 표현할 길이 없어요. 그것은 마치 수학의 개념, 무한대와 닮아 있습니다. 무한대는 무한히 늘어나는 양태를 표현한 개념어이기에, 우리 눈앞에 정밀하게 묘사해낼 재간이 없습니다. 그저 상상 속의 용을 그리듯 어슴푸레 머릿속에 그려보는 게 전부입니다. 대체 존재하지도 않는 용을 때려잡겠다는 호기로운 망상을 어찌해야 할까요. 제발 미몽에서 깨어나라고 외치고 싶습니다. 저는 오늘도 《장자》의 한 구절을 필사하며, 주평만의 어리석음을 되풀이하지 않겠다는 다짐을 해봅니다.

## 필사 노트

DATE    /    /

<small>주 평 만 학 도 룡 어 지 리 익</small>
**朱泙漫學屠龍於支離益**
<small>단 천 금 지 가 삼 년 지 성</small>
**單千金之家三年持成**
<small>이 무 소 용 기 교</small>
**而無所用其巧**

주평만은 지리익에게 용을 때려잡는 법을 배웠다.
천금이나 되는 돈을 몽땅 쏟아부어 삼 년 만에 기술을 터득했다.
하지만 그 기술을 쓸데가 없었다.

# 마음이 괴롭고 분주하다면

안회顔回가 말했다.
"저는 조금 더 발전한 듯싶습니다."
공자가 말했다.
"무슨 말이냐?"
안회가 말했다.
"예악禮樂을 잊게 되었습니다."
공자가 말했다.
"좋구나! 허나 아직은 멀었다."
안회가 얼마 후 다시 공자를 찾아와 말했다.
"저는 조금 더 발전한 듯싶습니다."
공자가 말했다.
"이번에는 무엇이냐?"

안회가 말했다.

"인의仁義를 잊었습니다."

공자가 말했다.

"좋구나. 허나 아직은 멀었다."

안회가 얼마 후 다시 공자를 찾아와 말했다.

"저는 조금 더 발전한 듯싶습니다."

공자가 말했다.

"이번에는 무엇이냐?"

안회가 말했다.

"저는 좌망坐忘의 경지에 도달했습니다."

이 말을 듣고는 공자가 놀라서 말했다.

"어떤 상태에 이르렀기에

좌망의 경지에 도달했다고 하는 것이냐?"

안회가 말했다.

"몸뚱이를 다 버리고 총명함을 제거하여,

육체에 대한 집착과 지식에 대한 속박에서 벗어나

만물을 관통하는 위대한 도道와 하나가 되는 것을 일컬어

좌망이라 합니다."

공자가 말했다.

"만물을 차별 없이 하나로 여긴다면 호불호도 없을 것이며,

만물의 변화를 받아들인다면

'반드시 이래야 한다!'는 집착도 없게 된다.

정말로 현명하구나! 나도 너를 따라 배워야겠다."

⊙ 《장자莊子》 내편 대종사大宗師


절대로 물에 젖지 않는 방법이 있을까요? 살다 보면 아무리 조심해도 비바람에 몸이 흠뻑 젖기도 하고, 땀범벅이 되기도 하며, 때로는 물벼락을 뒤집어쓰기도 합니다. 살면서 젖지 않는 방법은 단언컨대, 없습니다. 하지만 발상을 전환하면 한 가지 방법이 있긴 해요. 바로 바다에 풍덩 뛰어드는 겁니다. 이미 물속에 있는 사람은 물에 젖지 않죠. 바다에 들어가 수영하는 사람에게는 소나기도 두렵지 않고, 물벼락 따위에도 거칠 것이 없어집니다.

세상을 살다 보면 온갖 근심거리가 우리를 괴롭힙니다. 어릴 때는 좋은 대학에 들어가야 한다는 학업 스트레스가 우리를 괴롭히지요. 대학에 들어가면 또 취업 고민에 시달리고, 좋은 직장을 가진들 결혼과 육아의 시름이 기다리고 있습니다. 아이가 커가면서 다시 자식이 좋은 대학에 들어가야 할 텐데 하는 스트레스가 다가옵니다. 무한반복 개미지옥이지요. 걱정과 근심에 치여 살게 된다면, 누구도 무한지옥의 굴레에서 벗어날 수 없습니다.

재벌이라고 다를까요. 앞서도 말했듯이 원래 인간이란 십 원 가지면 백 원 가진 사람 부럽고, 백 원을 손에 쥐면 저 멀리 천 원 들고 거들먹거리는 사람이 부러운 법입니다. 재벌 역시나 자기 윗길에 선 재벌이 부럽고, 어떡하면 한 계단 더 올라갈지 고민하고 스트레스 받습니다.

하여 소낙비를 피하거나 물벼락을 맞지 않으려 애쓰는 노력은 시름만 더할 뿐이니, 아예 바다에 풍덩 뛰어들라는 겁니다. 이러한 철학적 비유는 공식적이고 도덕적이며 젠체하는 유가적 방법론에서 벗어나 있으니, 파격적이고 직관적인 도가의 사상과 결이 맞습니다.

### 걱정과 정면 승부하는 법

사는 동안 어김없이 찾아오는 걱정을 회피하지 않고 정면 승부하는 방법, 다시 말해 바닷물 속으로 풍덩 뛰어드는 방법을 지금부터 한번 알아볼까요. 걱정과 고민을 해결하거나 피하는 것이 아닌, 그저 삶의 일부로 받아들이는 마음공부에 대해 살펴보겠습니다.

《장자》 인간세人間世편에는 공자와 그의 애제자 안회 사이의 문답이 적잖은 분량을 차지하고 있습니다. 안회는 스승 공자에게 위나라에 가서 정치를 한번 해보겠다고 말합니다. 당시 위나라의 임금은 폭군으로 알려져 있어, 공자는 제자를 염려하는 마음에 희대의 폭군 걸왕과 주왕에게 죽임을 당한 관룡봉關龍逢과 비간比干의 예를 들며 경고합니다. 멀쩡한 임금을 설득해 정치를 펼치는 일도 어려운데 하물며 폭군을 상대하는 일은 얼마나 위험하겠습니까. 그렇기에 공자는 제자를 주저앉히려 했지요.

안회가 말했다.

"저는 도무지 이 이상의 방법을 모르겠으니,

감히 선생님께 방법을 여쭙습니다."

공자가 말했다.

"우선, 재계齋戒를 실행하라! 구체적인 방법은 추후 알려주겠다.

네가 사심을 가지고 행동하는데 어찌 쉽게 되겠느냐?

만약 쉽사리 이루어지리라 여긴다면

결코 자연의 이치에 부합하지 않는다."

안회가 말했다.

"제 집이 가난하여 술을 마시지 않고,

육식을 마다한 지 오래되었습니다.

이 정도면 재계하였다고 할 수 있지 않겠습니까."

공자가 말했다.

"그것은 제사 지낼 때나 하는 재계이지, 마음의 재계가 아니다."

안회가 말했다.

"마음의 재계란 무엇입니까?"

공자가 말했다.

"마음을 하나의 뜻으로 집중한 채,

남의 말을 귀보다는 마음으로 듣고,

마음보다는 기氣로 들어야 한다.

귀로 듣는다는 것은 소리만 듣는다는 것이고,

마음으로 듣는다는 것은 자기 방식대로 듣는다는 것이다.

기로 듣는다는 것은 마음을 비우고 만물을 받아들이는 것이다.

진정한 도는 오직 빈 곳에만 모인다.
마음을 비우는 것이야말로 마음의 재계, 즉 심재心齋라 할 수 있다."
⊙ 《장자莊子》 내편 인간세人間世

공자의 마지막 답변, 즉 '마음을 하나의 뜻으로 집중한 채'부터 '심재라 할 수 있다'까지는 특별히 원문을 살펴볼 필요가 있습니다.

若一志 無聽之以耳 而聽之以心
無聽之以心 而聽之以氣
聽止於耳 心止於符
氣也者 虛而待物者也
唯道集虛 虛者心齋也

원문을 조금 거칠게 해석해볼게요. 앞의 번역이 조금 부드럽고 이해하기 쉽게 눙친 해석이라면, 이번엔 직역이라고 보면 됩니다.

若一志 無聽之以耳 而聽之以心
하나의 뜻을 지닌 것처럼, 귀로 듣지 말고 마음으로 들어야 한다.

여기서 우리는 '약若'에 주목해야 합니다. 이 한자는 노자의 《도덕경》에 가장 빈번하게 등장하는 글자입니다. 대표적인 예가 《도덕경》 45장에 등장하는 대교약졸大巧若拙입니다. 약若은 '만약 ~

라면' 혹은 '마치 ~와 같다'라는 의미를 지닙니다. 그러니 대교약 졸을 직역하자면, '큰大 기교巧는 마치 졸렬拙劣함과 같다'가 됩니다. 훌륭한 솜씨는 서툰 것처럼 보인다는 의미죠. 여기서의 약若은 '꾸미다' 혹은 '가장하다'라는 의미로 새겨야 합니다. 솜씨가 정말 형편없다는 것이 아니라, 마치 서툴고 치졸하게 보인다는 것이죠.

저는 방송에 종사한 덕분에 각 분야의 대가들과 만날 기회가 많았습니다. 인터뷰를 한다고 서너 시간씩 자리를 함께하거나 식사를 하는 경우도 왕왕 있었죠. 그런데 놀랍게도 대가들은 절대 젠체하거나 자신의 업적을 과시하지 않더군요. 오히려 자신의 성취가 그저 운이 좋아서 이뤄낸 것이라는 겸양의 말을 되풀이했는데, 그저 의례적인 겸손의 언사가 아닌 진심이 느껴졌습니다.

다시, 약일지若一志로 돌아가볼게요. '하나의 뜻인 듯하다'라는 의미이지, 정말 '하나의 뜻'은 아닙니다. 공자 역시 마음을 하나로 모으는 것이 얼마나 어려운 과업인지 알고 있기에, 이렇게 겸손하게 표현한 것이 아닐까 싶네요. 제가 만난 여러 분야의 대가들처럼 말이지요. 마치 마음을 하나로 모은 것처럼 자세를 다지고, 귀가 아닌 마음으로 들으라는 조언입니다.


無聽之以心 而聽之以氣
마음으로 듣지 말고, 기로 들어야 한다.

기껏 마음으로 들으라고 하더니만, 이번엔 마음 말고 기氣를 통해 들어보랍니다. 여기서의 기氣는 곧 도道를 의미하니, 한마디로 도를 깨닫고 나서 제대로 들으라는 말이지요.

聽止於耳 心止於符
듣는 것은 귀에서 멈추고, 마음은 부합하는 것에 멈춘다.

듣는다는 것이 귀에서 멈춘다는 말은 그저 표피적 의미만을 수용하는 데 그친다는 말이요, 마음으로 듣는다는 것이 '부符'에서 멈춘다는 것은 자신의 마음과 부합符合하는 내용만 받아들인다는 뜻으로, 결국 자신의 편협한 기준에 들어오는 의견만 받아들인다는 말입니다.

氣也者 虛而待物者也
기는 텅 빈 채 만물을 기다린다.

기氣라는 것은 텅 비어서 만물을 기다리는 것이라고 결론을 내리며 결국 도道의 본질을 천명하는 대목입니다. 여기서는 '허虛'에 방점이 찍힙니다. 편견에 사로잡히지 말고 비워내라는 뜻이지요.

唯道集虛 虛者心齋也
오직 도道는 빈 곳에 모이고, 비움은 곧 마음이 가지런해지는 것이다.

도道가 모이는 곳은 마음을 비워내는 곳이고, 마음을 비워내는 것을 정의하자면 바로 심재心齋로 갈음할 수 있습니다.

어떤가요? 원문의 맛이 충분히 느껴지시나요? 편견, 욕망, 아집, 독선에서 벗어나 마음을 온전히 비워내는 심재의 경지에 다다른다면, 그것이야말로 장자의 도를 터득했다 할 수 있습니다. 심재의 경지와 상통하는 개념이 바로 '좌망坐忘'입니다. 좌망을 직역하면, '앉아서 잊는다'는 뜻입니다. 고요히 앉아 인의예악仁義禮樂조차 잊고, 자신을 버리고, 편견과 아집을 거두고, 매사 시시비비를 가리려는 분별지의 편협함에서 탈출하여 무위의 경지에 다다르는 것이 바로 좌망입니다. 좌망의 의미를 깊이 있게 이해하려면, 한 가지 대비되는 개념을 더해주면 좋습니다. 얼핏 좌망과 비슷해 보이지만 대척점에 서 있는 개념, '좌치坐馳'라는 표현이 바로 그것입니다.

텅 빈 상태를 떠올려보거라.
빈 방에 햇살이 비치면 상서로운 기운이 감돌지 않던가.
반대로 마음이 고요하게 안정되지 않은 상태가 되면,
이를 일컬어 좌치坐馳라고 말한다.
⊙ 《장자莊子》 내편 인간세人間世

앉다 좌坐에 달리다 치馳를 합쳐, 좌치라는 단어가 만들어집니다. 이는 마치 '소리 없는 아우성'과 같은 모순어법이지요. 어떻게 앉아서 달릴 수 있단 말입니까. 좌치의 상태를 묘사하자면, 몸은 비록 앉아 있지만 마음속에선 온갖 잡념이 어지러이 일어나는 상황을 말합니다. 정확히 좌망의 반대편에 위치한 개념이 바로 좌치입니다. 살다 보면 우리가 겪어내야 하는 수많은 문제의 본질은 결국 이 좌치에서 비롯됩니다. 욕심을 내려놔야 할 때나 아집을 경계해야 하는 순간에도, 우리의 마음은 늘 자발없이 내달리죠.

### 뜻을 하나로 모아 잡념을 가라앉힐 것

세상살이에서 가장 피하기 어려운 일이자, 가장 허망한 일이 마음만 분주한 겁니다. 수학능력시험을 앞두고 공연히 마음만 어지럽고 공부가 손에 잡히지 않았던 경험, 다들 있을 겁니다. 시험을 잘 볼 수 있을까, 원하는 대학에 원하는 학과에 합격할 수 있을까. 고민할 시간에 차라리 한 문제라도 더 풀어보는 편이 낫죠.

직장에서나 사업장에서도 마찬가지예요. 일이 잘 풀릴까 고민할 시간에 한 번이라도 기안을 더 검토해보고, 잘 팔릴까 걱정할 시간에 한 번이라도 더 제품을 훑어보고 보완하는 편이 낫지요. 하지만 그게 어디 쉽나요. 마음만 괜스레 분주해지고 집중하지 못하는 것이 우리네 장삼이사의 행동이지요. 마음이 시끄러운 건 인간의 본능인지라, 쉽사리 가라앉히기 어렵습니다. 이렇게 마음이 어지럽고 분주하고 시끄러울 때, 안회의 충고 하나를 되새겨봅니다.

몸뚱이를 다 버리고 총명함을 제거하여,
육체에 대한 집착과 지식에 대한 속박에서 벗어나
만물을 관통하는 위대한 도道와 하나가 되는 것을 일컬어
좌망이라 합니다.

육체에 대한 집착과 지식에 대한 속박에서 벗어나, 오롯이 나에게 집중하라는 정언명령定言命令입니다. 칸트의 학설에 따르면, 정언명령이란 어떤 행위의 결과 조건에 구애되지 않고, 행위 그 자체가 선善이기 때문에 무조건 수행해야 하는 도덕적 명령입니다.

직장생활을 예로 들어볼까요? 흔히 기막힌 처세와 눈치 보기가 승진을 보장한다고 말하곤 하는데요, 뭐 어느 정도까지는 가능합니다. 팀장이나 부서장까지는 통한다는 말이지요. 그런데 사장이나 임원의 경우에는 처세보다 다른 덕목을 갖춘 경우가 압도적으로 많더군요. 바로 우직한 몰입沒入입니다. 제가 몸담고 있는 방송계를 예로 든다면, 시청률에 일희일비하지 않고 묵묵히 양질의 프로그램을 만들다 보면 결국 누구나 인정하는 방송인이 됩니다. 결과보다는 과정에 정성을 다하면, 언젠가 그 과정은 보답을 받게 마련입니다.

유독 손님이 끊이지 않는 노포에 가도 상황은 엇비슷합니다. 식당 사장은 손님의 환심을 사는 데 집중하기보다는 그저 묵묵히 자

신의 음식에 온 신경을 기울입니다. 정성 어린 음식을 대접할 때, 손님은 저절로 따라오게 되어 있습니다. 이런 태도가 바로 좌망의 경지에 다다른 인물들의 공통된 특징입니다. 오늘도 무언가 성취를 이루고자 한다면, 공연히 마음만 분주해하며 앉아서 뭘 생각하지 말고, 뜻을 하나로 모아 마음을 다스리고 좌망의 경지에 도달해야 합니다.

## 필사 노트

DATE    /    /

<sup>동 즉 무 호 야</sup>
**同則無好也**
<sup>화 즉 무 상 야</sup>
**化則無常也**

만물을 차별 없이 하나로 여긴다면 호불호도 없을 것이며,
만물의 변화를 받아들인다면 '반드시 이래야 한다!'는 집착도 없게 된다.

# 비록 삶이 남루하게
# 느껴지더라도

송나라에 형씨荊氏라는 마을이 있었다.

개오동나무, 잣나무, 뽕나무가 잘 자랐다.

나무가 한 움큼 두께로 자라면

원숭이 묶어놓을 말뚝용으로 베어 가고,

서너 아름으로 자라면 고관 집 기둥감으로 베어 가고,

일고여덟 아름이 되면 귀족과 부자들이 관으로 쓰려고 베어 갔다.

이처럼 타고난 수명을 다하지 못하고

도끼에 찍혀 요절하니,

이것이 쓸모 있는 나무의 재앙이다.


예부터 제사를 지낼 때

이마에 흰 점이 있는 소나 코가 들뜬 돼지,

치질을 앓는 사람은
황하에 제물로 바치지 않았다.
무당들이 상서롭지 않다고 여겼기 때문이다.
그러나 신인神人은 반대로 크게 길한 것이라 생각한다.

지리소支離疏라고 불리는 사람은
턱이 배꼽에 숨고, 어깨는 머리보다 높았으며,
등덜미는 하늘을 가리키고, 오장은 머리 위에 있었으며,
두 넓적다리는 옆구리에 붙어 있었다.
바느질을 하고 빨래를 해서 먹고살았는데,
입에 풀칠하기에는 넉넉했다.
점을 치고 쌀을 얻어 열 식구를 족히 먹일 수 있었다.
나라에서 병사를 징발할 때,
지리소는 어깨를 치켜들고 돌아다녔다.
나라에 큰 부역이 있으면,
지리소는 병을 핑계로 노역의 고통을 부담하지 않았다.
나라에서 병자에게 곡식을 내릴 때
쌀 세 가마와 열 묶음의 땔감을 받았다.
이처럼 육체가 불구인 사람도
족히 스스로 부양하고 천수天壽를 누리며 살았는데,
하물며 덕德이 불구인 자는 말할 나위가 있겠는가.

⊙ 《장자莊子》 내편 인간세人間世

프란츠 카프카의 명작,《변신》을 읽어보신 적 있나요? 읽지는 못했어도, 들어는 보셨죠. 어느 날 갑자기 인간이 거대한 벌레로 변해버리는 끔찍한 이야기입니다. 상상만 해도 두려워지는 이 소설의 의미를 곱씹다 보면, '아무리 생각해봐도, 카프카는 장자를 공부했고 그의 사상에 심취해 있었구나!'라는 발칙한 상상에 이르게 됩니다. 만약 제 상상이 틀렸다면, 물리物理가 트인 대가들은 수천 년의 시간과 수천 킬로미터의 공간을 뛰어넘어, 서로 통한다고 보는 게 이치에 닿는 일이겠지요.

《변신》의 주인공 그레고르 잠자는 어느 날 아침 깨어보니, 흉측한 해충으로 변해 있습니다. 성실하게 일하며 가족을 부양하던 잠자는 변해버린 신체에 적응하기 위해 부단히 노력하지만, 갖가지 제약으로 말미암아 사회로부터 점차 고립되고, 심지어 가족에게까지 소외당합니다. 목숨과도 바꿀 수 있다고 여긴 가족들조차 기피하고 멀리하는 상황에서, 잠자는 인간 존재의 본질적인 고립과 그로 인한 고통을 밑바닥까지 겪게 됩니다. 얼마나 아프고 쓰릴까요. 카프카는 이 거대한 벌레를 내세워, 과연 어떤 메시지를 전하려고 했는지 궁금해집니다. 지금부터 찬찬히 한번 살펴볼게요.

나이 오십에 이르니, '우리도 때론 커다란 벌레가 되어 집도 절도 없이 부유하고 있는 건 아닌가!' 하는 서글픔에 사로잡히곤 합니다. '집도 절도 없다'는 의지할 곳 없이 떠도는 신세를 뜻하는 말로, 나락까지 떨어진 처지를 빗댄 말입니다. 내 한 몸 뉘일 집이 없으면,

출가出家라도 해서 입에 풀칠을 하던 전근대 시절의 사회상이 반영된 속담입니다. 집도 절도 없다는 것은 그야말로 극한까지 내몰린 상황을 이르는 말이지요.

남들은 승진도 잘만 하던데, 나는 왜 만년과장일까. 남들은 아파트도 잘만 장만했다던데, 나만 왜 아직도 전세일까. 남들은 코인이다 주식이다 돈을 복사한다던데, 내 자산은 왜 자꾸 쪼그라들까. 지금도 우리는 인생이 바닥을 쳤다고 자조하곤 하지요.

### 인생 2회 차를 꿈꾸는 사람들

〈재벌집 막내아들〉, 〈내 남편과 결혼해줘〉, 〈이재, 곧 죽습니다〉의 공통점이 뭔지 아시나요? 인기 절정의 웹툰 원작을 바탕으로, 드라마 제작까지 성공한 작품들입니다. 그리고 또 한 가지 꼽자면, 고난을 맞닥뜨린 주인공들이 '인생 n회 차'를 경험하며 역경을 이겨낸다는 점이지요. '이번 생은 망했어'라며 인생 2회 차를 간절히 소망하는 독자와 시청자가 꽤나 많은가 봅니다. 웹툰도 화제요, 드라마 시청률 역시 고공행진이니 말입니다.

왜 그토록 많은 사람이 지금과는 다른 삶, 혹은 '인생 2회 차'를 꿈꾸는 걸까요? 현재의 내 삶이 지독히도 남루하다고 여기기 때문입니다. 계급 사회에서 벗어나 자의식을 갖추게 된 현대인들은 내가 다른 선택을 했다면, 다른 삶을 살고 있었을 것이라는 후회를 종종 하게 됩니다. 계급 사회에서의 남루함은 어쩔 수 없다는 운명론으로 자위하며 살아갔지만, 근대 사회의 인간은 다릅니다. 선택이 근원적으로 품고 있는 후회라는 감정이 농축되고 쌓이기 시작하면, 어느덧 자기혐오로 변모하게 됩니다. 혐오는 인간의 감정 가운데 가장 강력한 정서입니다. 특히나 혐오의 화살이 자신에게 향하는 자기혐오는 독사의 맹독처럼 치명적이기까지 하지요.

후회後悔는 문자 그대로 '지나고 나서 하는 뉘우침'입니다. 후회의 회悔를 파자하면, 매일 매每에 마음 심心입니다. 다시 말해 후회란 매일매일, 늘 언제나 마음속에서 끓어오르는 감정이랍니다. 한자漢字를 창조하던 수천 년 전 인류에게도 후회의 감정은 단 하루도 거를 수 없는 괴로움이었나 봅니다. 그러니 후회에 함몰되는 자신을 너무 탓하지 마세요. 다만, 그 후회의 원인을 모두 자신에게 돌리는 어리석음은 반드시 경계해야 합니다.

21세기 대한민국은 우리를 번민과 후회로 얼룩진 불면의 밤으로 내몰고 있습니다. 전 세계 자살률 1위, 출산율 최하위라는 멍에는 우리 사회가 그만큼 생지옥이란 방증이겠지요. 삶을 포기하는 것이나 아이를 낳지 않는 것 모두, 대한민국이란 사회 속에 나 혹은 내 자식의 삶이 머물길 바라지 않는다는 강렬한 외침이자 피맺힌 절규지요.

공자가 자신의 사상을 인仁이란 글자 하나로 표현하듯, 장자는 우리네 삶을 소요유逍遙遊라는 한 단어로 함축합니다. 소요유를 문자 그대로 풀이하자면, '멀리까지 거닐고 노닐다'라는 뜻입니다. 천상병 시인 말마따나, 삶은 한바탕 소풍인 것이지요. 장자의 핵심 사상인 소요유는 '세상 번뇌에서 벗어나 자유로이 거닐며 한 번뿐인 인생을 마치 소풍처럼 즐기다 가라'는 준엄한 정언명령입니다. 우리가 맞닥뜨린 최악의 출산율이란 통계 수치는, 살아보니 대한민국은 도저히 소풍 올 만한 곳이 못 된다고 판단한 수많은 부부의 결정이 켜켜이 쌓여 이루어진 참담한 결과물입니다.

〈동물농장〉이란 텔레비전 프로그램을 수년간 연출하며, 다양한 동물들의 생동감 넘치는 모습을 촬영한 적이 있습니다. 그 가운데 가장 인상적인 장면은 동물의 출산 장면입니다. 하루는 어미 소가 커다란 눈을 끔뻑거리며 산통을 이겨내고 송아지를 출산하는 모습을 촬영했는데, 어미의 숭고한 눈물도 감동이었지만 한편으로는 태어나자마자 걷기 시작하는 송아지의 모습이 경이롭더군요. 대부분의 초식동물은 태어나자마자 걷기 시작하고 어미젖을 자연스레 찾아 빨아댄다는 사실을, 그제야 알게 되었습니다. 동물은 어미의 자궁에서 벗어난 순간, 독립적 개체로 우뚝 서게 되는 것이죠.

반면, 우리 인류는 어떤가요. 태어나서 걸음마라도 뒤뚱뒤뚱 하려면 최소한 돌은 지나야 합니다. 제대로 걷고 음식이라도 챙겨 먹으려면, 적어도 삼 년은 지나야 하죠. 공자孔子 역시 이러한 인간의 생물학적 특성을 주시하였고, 이를 효孝 사상의 근거로 삼아 강조합니다. 부모님이 돌아가시면 삼년상을 모셔야 하는 이유로 태어나

삼 년 동안은 꼼짝없이 부모의 보살핌을 받아야 생존할 수 있었던 인간의 특성을 상기시키는 겁니다.

"재여宰予는 어질지 못하구나!
자식은 태어나 삼 년은 부모 품에 있는 법이라,
부모를 위해 삼년상을 치르는 것이
천하의 상례인 것을 모르는구나!"
⊙ 《논어論語》양화陽貨

부모 품 안에서 자라나는 인간에게 인정욕구는 생존의 필수 요소였습니다. 방긋방긋 웃는 아기의 귀여운 행동이 모두 고도의 생존전략이라는 점은 진화심리학자들의 공통된 의견입니다. 부모의 말을 순종하면 칭찬과 맛난 음식이 주어지니, 인정받기 위해 따를 수밖에요. 백 점짜리 시험지를 집으로 가져오면 달콤한 아이스크림을 실컷 먹을 수 있지만, 낙제점을 받아오면 욕만 배부르게 먹습니다.

**인정욕구의 양면성**

사실, 인정욕구는 인류 공통의 특질입니다. 다만 우리 사회에서는 인정욕구가 인정중독의 단계까지 전락했다는 점이 문제라면 문제겠지요. 적당한 인정욕구야 자기 계발의 동기가 되고 발전의 동력이 됩니다만, 지나치면 독이 됩니다.

대다수 외국인들은 자식의 대학 등록금을 부담하는 대한민국 부모들의 모습에 놀라움을 감추지 못합니다. 한술 더 떠, 자식의 결혼자금을 준비하고 심지어 아파트 마련을 위해 막대한 돈을 증여하는 행태에 경악하기까지 합니다. 부모가 자식에게 재물을 물려준다는데 뭐가 문제냐 싶겠지만, 등록금과 결혼자금의 반대급부로 나이 서른이 되어서도 젖먹이 아기처럼 인정받기 위해 무슨 짓이라도 해야 하는 자식의 몸부림을 목도합니다. 말하자면, 인류 보편의 인정욕구가 대한민국이란 토양 위에서 인정중독으로 추악하게 변모한 겁니다.

'엄친아'라는 표현 아시죠? 철 지난 유행어라고 생각하실 수 있지만, 2024년 방영된 인기 드라마의 제목이 〈엄마친구아들〉이니 여전히 세태를 반영하고 있음을 알 수 있습니다. 엄친아는 유니콘이나 신기루처럼 그 실체가 없지만, 우리 마음속에 굳건하게 자리 잡고 있습니다. 능력, 외모, 성격 등 모든 면에서 완벽한 남자를 일컫는 엄친아 때문에 우리는 주눅 들지만, 사실 엄친아가 진짜 존재하긴 하는지 의문스럽습니다. 오직 경쟁과 성공에 대한 압박으로 작용하는 엄친아란 개념 때문에 부모에게 인정받고자 몸부림치는 자식들의 인정욕은 더욱 가속화될 뿐입니다.

누군가와 끊임없이 비교하고 시기하고 질투하며 자신을 학대하는 불행한 현대인의 모습은 인정중독과 샴쌍둥이처럼 한 몸입니다.

인정중독에 빠져 있다는 것은 기본적으로 내 삶의 주인이 '내가 아닌 남'이라는 걸 의미합니다. 삶의 주체성. 상투적인 표현이지만, 중요한 개념입니다. 주체적 삶과 피동적 삶. 질투와 인정욕구 모두 타인에게 휘둘리기에 일어나는 감정입니다. 삶의 무게중심이 내 안에서 벗어나, 타인의 시선으로 옮아간 것이죠. 인생에서 무엇이 중요한 것인지 가르는 가치관과 내 삶의 모양을 입체적으로 결정해주는 취향마저 타인의 시선에 좌지우지되는 삶, 그것이 과연 어떤 가치가 있을지요.

 나이 오십쯤 되었다면, 이제는 자신을 바라봐주고 스스로 존중하는 삶을 살아봐야 하지 않을까요. 왜냐하면, 우리 현대인은 더 이상 맹수에게 쫓기는 긴박하고 위험한 삶을 영위하고 있지 않기 때문입니다. 생존에 대한 위험이 존재하지 않아요. 무슨 말이냐고요? 우리가 느끼는 시기나 질투 같은 감정 혹은 인정받고 싶은 욕구는 모두 하나의 뿌리로 귀결되니, 그것은 바로 두려움입니다.

 250만 년 전 오스트랄로피테쿠스에서 시작한 인류는 7만 년 전 인지혁명을 거치고, 1만여 년 전 농업혁명을 이뤄내며 문자와 철기를 사용하여 오늘날 눈부신 풍요를 이뤄냈습니다. 세계적으로 보자면 여전히 기아에 허덕이는 인구가 많지만 우리나라 기준으로 판단하자면, 풍요롭게 먹고살 만해진 지 50여 년 정도 되었네요. 250만 년의 인류사에서 50년이란 시간은 그야말로 찰나에 불과합니다. 절대빈곤에서 벗어난 육체와 두뇌지만, 여전히 그 유전자 속에는 원시의 흔적이 강렬하게 각인되어 있습니다.

뇌 과학을 빌려 표현하자면, 질투나 인정욕 모두 편도체가 활성화되어 발현된 일종의 공포감입니다. 스트레스 반응의 핵심 역할을 하는 편도체는 변연계에 속하고 크기는 아몬드 정도로 작지만 감정, 동기와 관련된 정보를 처리하는 중요한 기관입니다. 편도체가 위험 신호를 보내면 코르티솔 수치가 상승하고, 이 수치가 다시금 편도체를 자극합니다. 이른바 악순환의 고리에 빠지게 되는 것이죠.

편도체가 활성화되면, 지금이야 그저 스트레스 지수가 높아졌다고 하겠지요. 하지만 우리 조상들은 사나운 맹수와 맞닥뜨렸을 때, 바로 이 편도체 덕분에 죽음의 위기에서 벗어날 수 있었습니다. 생존을 위한 긍정의 스트레스였죠. 현대인들이 유독 스트레스에 취약하다고 말들 하죠? 그럴 수밖에요. 우리는 모두 편도체가 활성화되어 검치호劍齒虎의 날카로운 이빨을 피할 수 있었던 예민한 조상들의 후예로서, 그들의 유전자를 고스란히 물려받았기 때문입니다. 그렇지만 더 이상 맹수가 우글대는 초원이 아닌 안전한 문명국가에 살고 있기에 편도체의 안정화를 꾀할 필요가 있습니다. 이제는 편도체의 자극과 공포에서 벗어나, 자신을 존중하고 사랑할 수 있는 여건이 충분히 마련되었다는 의미입니다.


**나의 쓸모를 입증하기 전에**

편도체가 활성화되지 않아도, 맹수에게 물려 죽지는 않게 된 세상에서 우리는 여전히 신경을 곤두세우고, 시기하고, 질투하고, 타인에게 인정받으려 발을 동동 구르며 하루하루를 살아갑니다. 모든 투정을 받아줄 것만 같은 안온한 가정 안에서조차, 우리는 자신의 쓸모를 입증하려고 애쓰고 있습니다. 어려서는 공부 잘하는 자식이 되어야 하고, 장성하면 돈 잘 벌어다 주는 가장이 되어야 하죠. 워낙에 기대치가 높아서일까요. 하느라 했는데도, 우리는 늘 《변신》의 그레고르 잠자가 그러하듯 거대하고 흉물스러운 벌레가 되어버린 기분입니다.

인정받기 위해, 다시 말하자면 나의 쓸모를 입증하기 위해 부단히 애쓰다, 우리는 때로 병들기도 하고 아주 극단적으로는 스스로 생을 마감하기도 합니다. 과장이 아닙니다. 자살률 1위, 출산율 꼴찌라는 멍에가 증명하듯, 대한민국은 인정중독이란 중병에 걸려 있습니다. 이 중독에서 벗어나려면 어떻게 해야 할까요.

우선, 쓸모 있는 사람이 되기 위해 무작정 달려갈 것이 아니라, 진정한 쓸모와 거짓 쓸모를 먼저 구분할 필요가 있습니다. 진짜 쓸모는 나에게 행복의 효능감을 뿜어내는 쓸모요, 가짜 쓸모는 도리어 내 자신을 비참하게 만드는 쓸모입니다. 진짜 쓸모의 촉각은 나의 내면을 향하고, 가짜 쓸모는 오로지 타인의 시선만을 뚫어져라 바라봅니다.

장자는 오롯이 자신의 마음을 들여다보고 무엇이 삶의 정수精髓인지를 깨닫기 위해 노력하고 실천한 사상가입니다. 타인의 시선 따위에 위축되거나 누군가의 환심을 사기 위해 거짓 행동을 일삼지 않았습니다.


장자의 아내가 죽자, 혜시惠施가 조문을 갔다.
마침 장자는 두 다리를 뻗고 앉아,
항아리를 두드리며 노래를 부르고 있었다.
혜시가 말했다.
"사람이 더불어 살며 자식을 키우고 함께 늙어가다가,
배우자가 죽으면 곡을 안 해도 될 것이오.
허나 항아리를 두드리며 노래를 부르는 것은
너무 심한 행태가 아닌가."
장자가 답했다.
"그렇지 않다네.
처음 아내가 죽었을 때는 나라고 어찌 슬픈 마음이 없었겠나.
그런데 아내의 시원始原을 고찰해보니 본래 생명이란 없었다네.
생명뿐 아니라 형체도 없었고, 형체뿐 아니라 기氣도 없었네.
무엇인가 혼돈에 섞여 있다가 변하여 기가 생겼고,
기가 변하여 형체가 생기고,
형체가 변해 생명이 생긴 것이라네.
그리고 오늘은 다시 변하여 죽음이 된 것이네.
이것은 봄여름가을겨울 계절이 운행하는 것과 같네.
그런데 누군가 천지라는 거대한 방에 누워 자려고 하는데
내가 꺼이꺼이 곡을 한다면,

그것은 내가 천명天命을 제대로 파악하지 못하는 것이라
판단했다네.
그런 연유로 곡을 그친 것이라네."

⊙ **《장자莊子》외편 지락至樂**


극단적인 예이지만 장자는 아내의 죽음을 앞에 두고도 자신의 마음이 읊어대는 소리에 귀를 기울였습니다. 이 구절은 흔히 '삶과 죽음은 하나'라는 장자의 사생관死生觀을 명징하게 드러내는 일화입니다. 우리네 인간의 생명이란 거대한 우주 안에서 순환하다, 잠시 유지되었다가 사라지는 것이라는 가르침입니다. 그러니 어차피 유한한 삶과 그 끝에 마주하게 되는 죽음에 연연할 필요가 없다는 뜻이지요.

그런데 이 일화를 통해 우리는 또 하나의 화두話頭를 음미해볼 수 있습니다. 타인의 시선에 휘둘리지 않는 단단한 장자의 내면이 바로 그것입니다. 가족이 상을 당했다는 것은 아마도 인간이 겪을 수 있는 가장 큰 고통일 겁니다. 이 점을 우리 모두 알기에 상가를 찾아 조문할 때만큼은 누구나 엄숙한 표정과 차분한 마음을 갖고 가는 것이죠. 조문객에게 요구되는 상가의 예절이 엄중한 만큼, 상주에게 기대하는 슬픔 또한 무겁습니다. 공자보다 한 세기 이상 후대에 살아가던 장자의 시대에도 이미 유가儒家의 상례喪禮는 중국 전역에 널리 퍼져 있었고 보편적 예절로 여겨졌습니다.

우리가 흔히 노장사상老莊思想이라 칭하지만, 노자와 장자는 아무리 생각해도 한데 묶일 수 없는 사상가들입니다. 추상적 운문으로 가득 찬《도덕경道德經》과 우화의 향연인《장자》는 그 형식적 거리가 보여주듯, 전혀 다른 독자를 염두에 둔 저작물입니다. 사유의 층위와 방향이 사뭇 어긋나 있다는 뜻이지요. 이렇게 전혀 다른 사상 체계가 하나로 엮인 이유는 후대의 사가 사마천司馬遷의 탓이 큽니다. 그가《사기열전史記列傳》에서 노자, 장자, 신불해申不害를 엮어 '노장신한열전'이라는 챕터를 만들어냈기 때문이죠.

노자의《도덕경》이 백성들을 위해 고민하던 위정자爲政者를 위한 처세보민處世保民의 제언이라면,《장자》는 그보다는 오히려 개인의 삶을 두터이 여기는 태도가 강조됩니다. 양생주편에서 주장하듯 '제 몸을 보전하여 생명을 온전히 하고 천수를 누리는 것'이 중요한 이슈입니다. 허유가 요임금의 제안을 거절하는 일화가 실린 소요유편에서 드러나듯 천하에 대해서는 아무런 관심이 없습니다. 그야말로 심드렁하죠. 노자와 장자 모두 무위자연無爲自然을 논하지만, 노자는 그 대상이 밖에 있고, 장자는 이를 내면의 문제로 치환합니다.

장자는 아내의 상을 당한 상황에서 배우자에게 주어지는 슬픔의 의무를 철저히 방기할 수 있는 용기가 있었기에 '삶과 죽음이 하나'라는 자신의 사상을 설파해낼 수 있었지요. 세인의 준수한 평판을 받고 위대한 사상가로 인정받기 위해서 타인의 시선에 굴복하는 어리석음을 범하지 않았던 겁니다. 평생을 함께한 아내가 죽었는데

항아리를 두드리며 노래하는 얼핏 패륜마저 스스럼없이 저지를 수 있는 장자라면, 누군가를 시기하거나 누군가에게 잘 보이기 위해 자신의 가치관과 취향마저 저버리지는 않겠지요. 장자는 그야말로 삶의 무게중심이 자신의 내면으로 향하는 인간이자, 진정한 쓸모를 무엇보다 중시한 사상가입니다.

### 자존심과 자존감의 차이

자존심自尊心과 자존감自尊感. 비록 한 글자 차이의 단어이지만 그 뜻은 천양지차입니다. 스스로 자自와 우러러보다 존尊에 마음 심心과 느끼다 감感을 덧대어 만든 조어입니다. 스스로 존중하는 것까지는 같지만, 그것이 마음이냐 감정이냐의 차이죠.

자존심은 스스로 존중받고 싶은 마음입니다. 누구로부터일까요? 예, 맞습니다. 타인으로부터입니다. 반면, 자존감은 스스로 존중하는 감정입니다. 누가 존중할까요? 바로 자신입니다. 자신의 내면에서 우러러 나오는 웅숭깊은 감정이지요. 다시 말해 타인의 시선으로부터 발원한 심리 상태가 자존심이요, 자신의 내면에서부터 길어 올린 단단한 존중의 감정이 자존감입니다. 둘의 차이는 엄청나죠.

자존심이 강하면 타인보다 우월한 스펙을 가져야 한다는 강박을 갖게 됩니다. 타인의 비판에 날선 반응을 보이게 되고 잘못된 일이 벌어지면 누구보다 남 탓을 먼저 하게 되지요. 반면, 자존감이 강한 사람은 자신의 쓸모를 인정받으려는 욕구로부터 자유롭습니다.

돈이나 지위가 남보다 우월해야 한다는 강박을 패대기쳐버리지요. 설령 일을 그르친다 해도 잘못의 원인을 자신에게서 구하지, 섣부르게 타인을 공격하지도 않습니다. 장자는 누구보다 자존감이 강하며 타인의 시선에 휘둘리지 않고, 자신의 진정한 쓸모가 무엇인지 궁구하기 위해 노력한 인물입니다.

《장자》의 원문을 처음 읽었을 때, 저는 여러 차례 놀랐습니다. 조삼모사朝三暮四, 당랑거철螳螂拒轍, 정저지와井底之蛙, 와우각상지쟁蝸牛角上之爭 등 장자와 관련된 고사성어를 통해 단편적으로 곁눈질하던 때와는 확연히 다른 내용을 담고 있었으니까요. 장자 하면 떠오르는 '나는 자연인이다'라는 풍모와는 달리《장자》에는 다양한 제자백가 사상이 혼재되어 있었습니다.

《장자》를 읽다 보면, 공자孔子가 꽤나 자주 등장합니다. 제자 안회顏回와의 대화를 비롯해 노나라 애공哀公과의 문답 등 실로 다양한 공자의 모습이 실려 있지요. 언뜻 이게 과연 도가의 책인지 유가의 저작인지 헷갈릴 정도입니다. 도가와 유가는 물론이요 여러 제자백가 사상을 섭렵하고, 역사와 자연현상에 대해서까지 두루 통달한 장자의 박학다식이 빛을 발하고 있기 때문에,《장자》안에서 공자를 자주 조우하게 되는 겁니다. 중심을 굳건히 지킨 채 다양한 사상과 학문을 흡수해 자신의 것으로 만들어낸 장자의 뚝심이 돋보이는 대목입니다.

**타자의 기준에서 벗어나야**

　다시 장자가 언급했던 개오동나무, 잣나무, 뽕나무 이야기로 돌아가볼까요. 이 나무들이 싱그러운 잎사귀를 달고 무럭무럭 자라나, 기껏 고관대작의 집 기둥이나 들보가 되기를 원했을까요? 아닙니다. 도리어 시원찮은 모양새로 더디 자라더라도 대자연의 품 안에서 천수를 누리며 살아가기를 원했겠지요. 뽕나무를 바라보는 우리의 시선은 이렇듯 명징하거늘, 우리는 우리 자신에게 닥친 문제에 대해서는 제대로 분별하지 못합니다.

　먹지도 못하는 술을 마셔가며 밤샘을 밥 먹듯 하고 얻어낸 임원 자리가 바로 고관대작 집 기둥이겠네요. 그토록 꿈꾸던 바를 이루자마자 병을 얻어 세상과 이별을 고하는 잣나무나 개오동나무를 우리는 여럿 알고 있지요. 거짓 쓸모를 입증하기 위해 사력을 다하다 정말로 죽음에 이른 경우가 어디 한둘일까요.

　먹지도 못하는 술 억지로 마셔가며 임원이 되었지만, 상무이사 명패 한 번 만지지 못하고 병을 얻어 하늘의 부름을 받은 나무. 하루도 쉬지 않고 새벽부터 오밤중까지 장사하며 마침내 건물주가 되었지만, 그 건물에 입주하기도 전에 세상을 등진 나무. 머리가 깨질 듯 아파도 그저 수험생의 스트레스려니 여기고 묵묵히 공부만 하다 서울대에 입학했지만, 교정을 채 밟지도 못하고 요절한 나무. 저는 살면서 이런 나무들을 여럿 목격했습니다.

　우리네 삶이 망하는 이유는 노력 부족이나 어리석음 탓도 있겠지만, 대체로 세상의 커다란 흐름에 휩쓸려가기 때문입니다. 우리는 이것을 운運이라고 표현합니다. 지리소는 무슨 대단한 잘못을 저질렀기에 꼽추로 태어난 걸까요? 아닙니다. 그저 남들보다 조금 운이 없었을 뿐입니다. 지리소가 만약 자신의 신체적 결함을 자신의 탓으로 돌리거나 부모를 원망하며 살았다면, 그의 삶은 더없이 비참해졌을 겁니다. 하지만 지리소는 끝끝내 거짓 쓸모를 입증하기 위해 애쓰지 않았습니다. 더할 나위 없이 현명한 처사죠. 도리어 지리소는 진정한 쓸모를 얻기 위해 노력했고, 그의 온 신경은 오롯이 자신의 내면으로 향해 있었지요.

지리소의 '지리支離'는 우리가 흔히 사용하는 표현인 지리멸렬支離滅裂의 '지리'와 한자가 같습니다. 지리소란 명명 자체가 '지리멸렬한 사내'란 뜻이지요. 우리는 흔히 무럭무럭 자라 기둥이나 들보가 되는 나무를 상찬하고, 비실비실 자라 나무꾼의 도낏날을 피해 간 나무들을 지리멸렬하다고 손가락질해댑니다. 하지만 그 기준은 누가 정하는 걸까요. 지리멸렬의 기준은 나무를 베어 가서 집을 짓는 목수나 그 집에 사는 집주인의 시선입니다. 다시 말해 오직 타자의, 타자에 의한, 타자를 위한 기준일 뿐입니다.

장자의 가르침을 듣고 있노라면, '그래, 목수에게 쓰임을 인정받아 어느 고관대작의 저택 기둥이 되면 뭐 하나! 차라리 좀 지리멸렬해도 살아남아 천수를 누리는 것이 낫지!'라는 현명한 판단을 내리지만, 막상 내 일로 닥치면 그런 현명한 판단이 쉽지 않아요. 목수에게 자신의 쓸모를 입증하려는 나무의 어리석은 행태는 우리가 늘 범하는 실수입니다.

이처럼 육체가 불구인 사람도
족히 스스로 부양하고 천수를 누리며 살았는데,
하물며 덕德이 불구인 자는 말할 나위가 있겠는가.

시작 부분에 소개한 이 구절을 어떻게 이해해야 할까요. 과감한 사고의 전복이 필요합니다. 여기서 육체가 불구라는 개념을 뒤집어 봐야, 비로소 해석이 됩니다. 나무가 서너 아름으로 곧게 자라면, 오히려 부잣집 기둥감으로 베어져 그 명을 다하게 됩니다. 따라서 장자의 관점에 따르자면, 지리소처럼 육체가 불구인 사람은 오히려 우성인 셈입니다. 조금은 부족하고 조금은 모자란 것이 열성이 아닌 우성인 세상에서, 육체가 부족하기만 해도 천수를 누리는데 덕이 부족한 자는 더더욱 천수를 누릴 수 있다는 의미지요.

여기서 '덕이 부족하다'는 사회규범의 틀에 얽매이지 않는다는 뜻입니다. 온갖 사회 규범을 칼같이 지키고 살면, 물론 칭송도 받고 출세도 하고 좋겠지요. 하지만 삶은 고달픕니다. 때로는 우리의 육체와 정신이 조금 부족하다 싶을 때, 삶의 만족감을 얻을 수 있습니다. 이것이 장자가 말하는 아이러니한 진리입니다.

자신의 쓸모를 필사적으로 증명해야 하는 관계에 함몰되지 마세요. 대표적인 예를 들자면, 나의 실적을 강요하는 직장 상사입니다. 그런 관계는 아예 맺지 않는 것이 상책이지만, 호구지책은 있어야 하니 직장을 그만둘 수는 없지요. 다만 나의 쓸모를 강요하는 관계는 수박 겉핥기식으로 넘겨야 합니다. 뭐, 승진도 하고 상여금도 받고 소위 말해서 잘나가는 인생이 될 수는 있죠. 하지만 잘나가는 인생의 기준은 여전히 목수의 시선입니다. 당신의 시선이 아니에요. 언제 도끼날에 잘려 기둥이나 들보로 전락할지 모릅니다. 나의 쓸모를 증명해야 하는 관계에 함몰되는 순간, 당신의 인생은 망가지는 겁니다.

## 필사 노트

DATE    /    /

<small>부 지 리 기 형 자</small>
夫支離其形者
<small>유 족 이 양 기 신   종 기 천 년</small>
猶足以養其身 終其天年
<small>우 황 지 리 기 덕 자 호</small>
又況支離其德者乎

이처럼 육체가 불구인 사람도
족히 스스로 부양하고 천수를 누리며 살았는데,
하물며 덕이 불구인 자는 말할 나위가 있겠는가.

# 기댈 곳 없다 느껴질 때

혜시가 장자에게 말했다.
"내게 큰 나무 한 그루가 있는데,
사람들은 가죽나무라 부른다네.
큰 줄기는 울퉁불퉁해서 직선을 그리는 자로 사용할 수 없고,
작은 가지는 꼬이고 구부러져
원이나 네모를 그리는 도구로 쓸 수가 없네.
그래서 길가에 서 있지만, 목수가 거들떠보지도 않는다네."
장자가 말했다.
"자네는 고양이나 족제비를 보지 못했는가.
몸을 낮추고 엎드려 튀어나올 먹이를 노리는데,
높은 곳, 낮은 곳 가리지 않고 이리저리 뛰다가
결국 덫이나 그물에 걸려 죽는다네.

반면 크고 검은 소 한 마리를 생각해보게.
그 덩치가 마치 하늘에 드리운 구름과 같다네.
비록 쥐를 잡지는 못해도 훨씬 큰일을 할 수 있지.
지금 자네는 이처럼 큰 나무를 가지고 있으면서
그 쓸모가 없다고 고민하는데,
어찌하여 광활한 들판에 심어두고
그 옆을 돌아다니고 노닐다가 잠을 청하지 않는가!
그 나무는 도끼에 찍힐 일도 없고, 아무도 해칠 사람이 없다네.
하여 쓸모가 없다고 한들 무슨 괴로움이 있겠는가!"

◉ 《장자莊子》 내편 소요유逍遙遊


 공자는 나이 마흔을 불혹不惑이라 했습니다. 흔히 '유혹에 흔들리지 않는다!'고 해석하지만, 저는 오히려 '유혹이 너무 많은 나이니, 부디 흔들리지 말기를 바라는 마음에' 불혹이라 표현했다고 생각합니다. 지금으로부터 2,500여 년 전 춘추시대에는 어떤지 몰라도 요즘 세태를 기준으로 삼자면 마흔은 유혹이 너무 많은 나이가 맞습니다. 육체적으로도 튼실하며 어느 조직에서나 가장 왕성하게 활동하는 나이니까요.
 반면, 오십 줄에 접어들면서 많은 것이 변화함을 절감합니다. 우선 몸이 말을 듣지 않네요. 저는 요즘 그 좋아하던 등산도 딱 끊었습니다. 더 이상 제 무릎과 발목이 심산유곡의 멋들어진 풍광과 맑은 공기를 허락하지 않습니다. 노안老眼이 찾아와서 그 좋아하는 책 읽기도 쉬엄쉬엄 해야 합니다. 젊은 시절처럼 마음 가는 대로 독서를 했다가는 침침한 눈 때문에 고생을 해야 하니, 수불석권手不釋卷도 저에겐 흘러간 유행가네요.

비루한 육신에 주눅 드는 것보다 더 심각한 것은 나도 모르는 사이 '꼰대'가 되었다는 사실입니다. 기성세대나 노인을 일컫는 멸칭, 꼰대가 내 차지라는 게 믿기진 않지만 받아들여야 하는 현실입니다. 어느덧 부장이란 직책에, 선배보다는 후배가 많고, 어떤 결정을 내릴 때마다 안정지향적인 선택을 하는 자신을 바라보면 한숨이 절로 나옵니다. 문득 제가 신입사원이던 시절이 떠오릅니다. 당시에는 정년이 55세였던 터라 쉰이 넘으면 뒷방 늙은이 행세를 하던 선배가 대부분이었습니다. 지천명을 넘긴 선배들은 대개 신문을 보다가, 노포에 가서 반주를 곁들여 맛난 점심을 먹고, 다시 돌아와 책상에 다리를 걸친 채 오수를 즐기고는 한껏 큰 목소리로 누구에게 하는 말인지 모를 '오늘도 수고했다!'란 외침을 남긴 채, 사무실을 떠나곤 했습니다. 그런데 벌써 제가 그런 선배가 되었네요.


**지금 당신에게 필요한 것**

저는 아직도 철이 덜 든 것 같은데, 어른 노릇을 해야 하니 쉽지는 않습니다. 어른이란 주위를 모두 살필 줄 알아야 하고, 너른 마음으로 모든 것을 이해해야 하는 자리입니다. 나이가 들면 입은 다물고 지갑은 열라는 우스개가 있는데요, 아무리 생각해봐도 참 이치에 닿는 말입니다. 누가 처음 말했는지 찾아서 상이라도 주고 싶네요. 어른 노릇이란 게 참 얄궂어요. 사람을 외롭게 만듭니다. 철이 없어야 누군가에게 시원하게 속내를 드러내기도 하고, 소주 한 병에 누군가의 뒷담화를 하기도 하고 침 튀겨가며 이 사회의 부조리에 대해 열변을 토하기도 할 텐데, 어른은 그저 묵묵히 참아야 합니다.

하지만 아무리 어른 노릇을 하더라도, 가끔은 내 마음을 알아주는 친구를 만나 동심으로 돌아가고 싶습니다. 만나면 대단한 일이 없어도 그저 즐겁고 행복한 친구, 스스럼없이 인생 고민을 털어놓을 수 있는 친구, 굳이 대화를 나누지 않아도 그저 편안한 친구, 언제든 나의 성공을 함께 기뻐해주는 친구. 나이를 아무리 먹어도 우리에겐 이런 '지음知音'이 필요합니다. 지음의 유래에 대해 잠시 살펴볼게요.

때는 바야흐로 춘추시대, 거문고를 기막히게 잘 타는 백아伯牙라는 명인이 있었습니다. 백아에게는 그의 음악 세계를 누구보다 깊이 있게 이해하는 종자기鐘子期란 벗이 있었지요. 백아가 산을 생각하며 거문고를 타면 종자기는 '태산泰山의 웅장함'을 언급하며 그의 연주를 상찬할 정도였습니다. 그러던 어느 날 종자기가 병으로 먼저 세상을 떠나게 되자, 백아는 거문고의 줄을 끊고 부숴버린 후, 두 번 다시 연주를 하지 않았습니다. 세상에서 자신의 음악을 알아줄 사람은 종자기밖에 없다고 생각했기 때문입니다. 이 고사에서 나온 사자성어가 바로 백아절현伯牙絶絃입니다. 직역하자면, '백아가 거문고 줄을 끊었다'는 의미로 '자신을 알아주는 참다운 벗을 잃었다'는 뜻입니다. 하여 백아에게 종자기와 같은 친구를 일컬어 '소리를 알아듣는다' 즉 지음知音이라 표현하기도 합니다.

 살면서 단 한 명의 지음이라도 곁에 두고 있다면, 잘 살았다고 자부해도 되는 인생입니다. 다행히 장자에게도 지음이 있었으니, 그가 바로《장자》에 가장 많이 등장하는 인물 혜시惠施입니다. 혜시는 본래 송宋나라 사람이지만, 위魏나라 혜왕惠王에게 발탁되어 재상을 지냈습니다. 당시 강성한 진나라의 기세에 맞서 위나라, 제나라, 초나라가 연합하여 대항해야 한다는 합종책合從策을 주창한 인물이기도 합니다. 혜자惠子라고 불릴 정도로 일가를 이룬 사상가이기도 하지만,《장자》에 등장하는 그의 캐릭터는 어리바리하여 만날 장자에게 지청구를 듣는 역할입니다.《장자》'내편'만 해도 소요유, 제물론, 덕충부 등 여러 편에 걸쳐 장자와 혜시 사이의 논박이 등장합니다.

 혜시가 말했다.
"사람이 본디 감정이 없을 수 있는가?"
장자가 말했다.
"그렇지."
혜시가 말했다.
"사람인데 감정이 없으면 그게 사람이겠는가?"
장자가 말했다.

"도道가 그 모습을 만들어주고 하늘이 육체를 만들어주었는데,
어찌 사람이 아니라고 하겠나!"
혜시가 말했다.
"하지만 사람인 이상 반드시 감정이 있을 터인데,
왜 감정이 없다고 하는가?"
장자가 말했다.
"내가 말하는 감정이란 자네가 생각하는 감정이 아니라네.
내가 감정이 없다고 하는 것은 좋아하고 싫어하는 것을 구분하여
자신의 타고난 본성을 해치지 않는 것을 말하네.
항상 자연스런 본성을 따를 뿐,
다른 무엇인가를 더하지 않는 삶을 말한다네."
혜시가 말했다.
"더하고자 노력하지 않는 삶으로
어찌 자신의 몸을 보존할 수 있는가?"
장자가 말했다.
"도道가 그 모습을 만들어주고 하늘이 육체를 만들어주었다면,
좋아하고 싫어하는 것을 구분하면서도
타고난 본성을 해치지 말아야 할 텐데,
자네는 정신이 밖을 향해 정력을 낭비하고
그저 겉으로만 나무에 기대어 노래를 부르거나
탁자에 기대어 쉬고 있지는 않은가!
하늘이 자네의 육체를 잘 만들어주었지만,

견백론堅白論과 같은 궤변만 늘어놓으니 어찌하면 좋겠나!"

⊙ 《**장자莊子**》**내편 덕충부德充符**


먼저 장자와 혜시 사이의 대화를 이해하려면, 견백론을 알아야 합니다. 견백론이란 전국시대 공손룡公孫龍이 흰 바둑돌을 두고 말한 궤변을 말합니다. 여기 단단하고 흰 돌이 하나 있다고 상상해봅시다. 눈으로 색을 판별할 수 있으니, 흰색임을 알 수 있죠. 손으로는 강도를 판별할 수 있으니, 딱딱한 돌임을 알 수 있습니다. 하지만 눈으로 물체가 단단한 돌인지 알 수 없고 손으로는 물체가 흰색인지 판별할 수 없으니, 희고 단단한 물체는 성립할 수 없다는 것이 그의 주장입니다. 말도 안 되는 궤변이나 당시에는 꽤나 큰 학파를 이루었으니, 그것이 바로 제자백가 가운데 하나인 명가名家입니다. '흰 말은 말이 아니다!'라는 유명한 궤변, 백마비마론白馬非馬論 역시 공손룡의 작품입니다.

혜시 역시 굳이 학파를 분류하자면, 명가에 해당합니다. '사람은 본디 감정이 있는가?'라는 그의 질문을 원문으로 보자면, '인고무정호人故無情乎'입니다. 여기서 '정情'을 어떻게 해석하느냐가 중요합니다. 우선 저는 감정이라 번역했는데요, 사실 정확한 표현은 아닙니다. 다만, 장자의 본의를 살펴가며 이 대화의 숨은 뜻을 살펴보기 위해 일부러 감정이라 번역한 겁니다. 그렇다면 정情을 초코파이 포장지에 새겨진 뜻대로 사랑이나 친근함을 느끼는 마음으로 해석하면 될까요? 여기서의 정은 흔히 '정이 많은 사람'의 정이 아닙니다.

## 시비와 호오를 넘어

장자가 생각하는 정情은 시비是非와 호오好惡의 감정을 중심으로 인간에게 내재된 특질을 의미합니다. 이 대화에서 장자의 핵심은 '좋아하고 싫어하는 것을 구분하면서도 타고난 본성을 해치지 말아야 할 텐데'라는 문장에 담겨 있습니다. 인간인 이상 무언가에 대해 좋고 싫음의 감정이야 당연히 있는 것이고, 이를 바탕으로 옳고 그름을 가리려는 마음도 자연스레 일어나게 됩니다. 하지만 장자가 '제물론'을 비롯해 전편에 걸쳐 가장 강조하는 사상이 무엇입니까? 바로 시시비비를 가리려는 마음을 버리라는 것이지요. 장자와 혜시의 정에 관한 이 대화를 제대로 이해하려면, 덕충부편 전체를 조망해야 합니다.

노나라에는 형벌을 받아
한쪽 발이 잘린 왕태王駘란 인물이 있었는데,
그 제자가 공자만큼 많았다.
하루는 공자의 제자 상계常季가 공자에게 물었다.
"왕태는 형벌로 발이 잘린 자인데,
그를 따르고 배우는 자가
선생님 제자와 더불어 노나라를 양분하고 있습니다.
왕태는 서 있으면서도 가르치지 않고,
앉아서도 함께 토론하지 않습니다.
그런데도 제자들은 빈 마음으로 가서

채워서 돌아온다고 하더군요.

진정 말로 하지 않는 가르침이 있단 말입니까.

겉으로 보이지 않아도 마음속으로 감화시키는 방법이 있습니까.

대체 왕태는 어떤 사람입니까?"

공자가 답했다.

"그분은 위대한 성인이다.

나 또한 남들에게 뒤처져 찾아뵙지 못했을 뿐이다.

나도 그분을 스승으로 삼고자 하는데,

나보다 못한 사람들이야 오죽하겠는가.

노나라 사람뿐이겠는가.

나는 천하 모든 이를 이끌고 가서 그를 따르고 싶구나."

(중략)

공자가 말했다.

"죽고 사는 것은 물론 중요한 문제다.

하지만 왕태 그분은 그것 때문에 변하지 않는다.

하늘이 무너지고 땅이 꺼지더라도 장차 흔들림이 없다.

그분은 어디에도 의지하지 않으므로

만물의 변화에 휘둘리지 않고,

만물의 변화를 따르지만 도道의 근본은 지켜나간다."

(중략)

공자가 말했다.

"용감한 장수는 홀로 적진에 돌진하기도 한다.

명성을 떨치고자 하는 자도 이처럼 용감하게 돌진하는데,
하물며 천지를 관장하고 만물을 품에 안으며
육신을 잠시 머무는 거처로만 여기고
눈과 귀의 감각을 일시적인 현상으로 여기며
모든 것을 하나로 파악하는 본질적인 지혜를 갖추어
죽음조차 초탈한 자라면 어떻겠는가.
그분은 분명 좋은 날을 택해 세속을 등지고
아득히 높은 경지로 올라갈 것이다.
사람들은 이러한 점을 따르고자 하는 것이다.
설마 그분이 제자를 모으려고 어떤 일을 벌이겠는가!"

⊙ 《장자莊子》 내편 덕충부德充符

  덕충부편에는 유독 신체에 장애가 있는 인물들이 연달아 등장합니다. 형벌로 발이 잘린 왕태를 필두로, 역시 형벌로 발이 잘린 신도가申屠嘉, 벌을 받아 발가락이 잘린 숙산무지叔山無趾, 용모가 아주 추한 애태타哀駘它, 절름발이에 꼽추에 언청이인 사람 등이 각 챕터의 주인공으로 나옵니다. 그러고는 공자의 제자 상계처럼 그들의 진가를 알아보지 못하고 편견에 사로잡힌 인물을 꾸짖으며, 진정한 도道가 무엇인지 설파하고 자연과 하나를 이루는 성인聖人의 경지를 상찬하는 내용이 병렬식으로 이어집니다.

  장자와 혜시 사이의 대화도 바로 이러한 맥락 속에서 해석해야 합니다. 왕태나 신도가, 숙산무지 등의 인물이 가지고 있는 장애

를 극복해야 하는 대상으로 여기지도 않고, 또한 동정의 대상으로 얕잡아 보지도 않는 태도야말로 진정한 성인聖人의 자세임을 역설하고 있는 겁니다. 삶과 죽음조차 하나라는 장자의 관점에서 바라보자면, 꼽추나 언청이나 절름발이나 뭐 그리 다를 바가 있냐는 외침이지요. 오늘날 민족, 종교, 인종, 성별, 빈부 등이 조금 다르다고 마치 원수를 만난 듯 증오하고 차별하는 모습 역시 장자의 관점에서 바라보자면, 얼마나 어리석은 일인지요.

### 광활한 들판에 서 있는 나무처럼

타자를 만나 타고난 모습 그대로 인정해줄 수 있을 때, 우리는 진정한 관계를 맺게 됩니다. 장자와 혜시는 부와 명성에 개의치 않고, 진정한 친구로서 서로를 대했습니다. 다름을 인정하고 있는 그대로의 모습을 받아들인 것이죠. 서로 간의 토론은 마치 전쟁을 치르듯 치열하게 이루어졌지만, 상대방의 의견을 경청할 줄 알았기에 둘 사이 관계는 돈독하게 이어질 수 있었습니다. 장자는 자신 곁에 혜시라는 지음이 있어 행복했을 겁니다.

《장자》에 등장하는 혜시는 언제나 아둔한 의견과 사상으로 독자들의 비웃음만 사지만, 그가 없다면 과연 《장자》를 읽는 재미가 얼마나 반감했을지 모릅니다. 장자와 혜시의 관계를 들여다보면, 가끔 '내 곁에 나를 빛내줄 혜시가 있나?' 궁금해지기도 하고, '나 또한 누군가에게 기꺼이 혜시가 되어준 적이 있는지' 돌아보게 됩니다.

다시, 장자와 혜시가 나눈 소요유편의 대화로 돌아가봅니다. 진정한 벗이란 쓸모가 있기 때문에 곁에 있는 것이 아닙니다. 그저 광활한 들판에 서 있는 나무처럼 그 곁에서 여유롭게 배회하고 노닐고 졸리면 누워 잠드는 존재입니다. 원문을 잠시 감상해보시죠.

何不樹之於無何有之鄕 廣莫之野
彷徨乎無爲其側 逍遙乎寢臥其下
어찌하여 광활한 들판에 심어두고
그 옆을 돌아다니고 노닐다가 잠을 청하지 않는가!

여기서 방황彷徨과 소요逍遙, 두 단어가 유독 눈에 띄네요. 그렇습니다. 친구란 함께 방황하고 소요하는 사이지, 이익을 위해서 혹은 뭔가를 성취하려는 목적으로 만나는 존재가 아닙니다. 지금도 학창 시절 친구들을 만나면 저는 생산적인 대화를 나누지 않습니다. 그저 그 시절 장난치던 얘기나 낄낄거리며 주워섬기지요. 아무것도 없는 적막한 광야에서 절대적 자유를 만끽하려는 장자에게 그저 쓸모없는 나무 한 그루만큼 중요한 게 또 있을까요. 여러분의 곁에도 쓸모없는 나무가 여러 그루이길 바라며, 저 역시도 누군가의 방황하고 소요하는 나무가 되기를 바라봅니다.

## 필사 노트

DATE    /    /

<small>금 자 유 대 수</small>
今子有大樹
<small>환 기 무 용</small>
患其無用
<small>하 불 수 지 어 무 하 유 지 향 광 막 지 야</small>
何不樹之於無何有之鄉廣莫之野
<small>방 황 호 무 위 기 측 소 요 호 침 와 기 하</small>
彷徨乎無爲其側逍遙乎寢臥其下
<small>불 요 근 부</small>
不夭斤斧
<small>물 무 해 자</small>
物無害者
<small>무 소 가 용</small>
無所可用
<small>안 소 곤 고 재</small>
安所困苦哉

지금 자네는 이처럼 큰 나무를 가지고 있으면서
그 쓸모가 없다고 고민하는데,
어찌하여 광활한 들판에 심어두고
그 옆을 돌아다니고 노닐다가 잠을 청하지 않는가!
그 나무는 도끼에 찍힐 일도 없고,
아무도 해칠 사람이 없다네.
하여 쓸모가 없다고 한들
무슨 괴로움이 있겠는가!

# 관계여 지친 당신에게

공자가 초나라에 도착하자,
초나라의 광인 접여接輿가 그 문 앞에서 노닐다 말했다.
"봉황이여! 봉황이여!
어쩌다가 이리 덕德이 쇠락했는고.
오는 세상 기다리지 말고
가는 세상 좇지 말지어다.
천하에 도道가 있으면 성인聖人은 백성을 편안케 하지만
천하에 도가 없으면 성인은 자신의 삶을 편안케 한다.
오늘날 겨우 형벌이나 면할 뿐이라네.
복福은 깃털보다 가벼운데 제 몸에 실을 줄 모르고
화禍는 대지보다 무거운데 피할 줄을 모른다네!
아서라! 말아라! 덕으로 세상에 나아감이여!

위태롭고 위태롭구나! 땅에 금을 긋고 달리는 것이여!
미혹된 가시밭길! 나의 길을 방해하지 마라!
우리가 가는 좁은 길! 내 발을 해치지 말라!"

산에 나는 나무는 스스로 해치며,
등잔불은 스스로 몸을 태운다.
계피는 먹을 수 있는 풀이라 베이고
옻은 쓸모가 있어 쪼개진다.
사람들은 모두 유용한 것의 쓸모를 알지만
무용한 것의 쓸모는 모르는구나!

⊙ 《장자莊子》 내편 인간세人間世

 승차감보다 하차감이 중요하다는 우스개가 있죠. 자동차의 쓸모는 내가 얼마나 안전하고 편안하게 운전하느냐에 달려 있거늘, 자동차에서 내릴 때 남들의 부러움 가득한 선망의 눈이 자동차 선택의 기준이 된다면 이 얼마나 어리석은 인정중독입니까. 이렇듯 나를 좀먹는 관계를 피하고 인정중독에서 벗어나 자신을 사랑하려면, 구체적으로 어떤 관계에 집중하고 몰두해야 할까요?
 답은 의외로 간단합니다. 나의 쓸모를 입증할 필요가 전혀 없는 관계입니다. 비즈니스 미팅을 하거나 직장 동료와 점심을 먹게 되면 내 앞에 놓인 음식에 온전히 집중하지 못합니다. 은연중 내가 이 업무에 얼마나 적합한 자원인지 과시하거나, 직장 내 나의 인맥이 얼마나 견고한지 떠벌리게 되죠. 하다못해 주식 정보나 부동산 뉴스라도 주워섬기며 나는 적어도 당신의 재테크에 도움이 되는 사람이란 걸 강조합니다. 한마디로 말해, 자신의 쓸모를 증명하기 위해 창자가 끊어지게 애쓰다, 마른나무 좀먹듯 시름시름 앓게 되는 것이죠.

반면, 아무런 이해관계가 없는 학창 시절 친구를 만나면 어떤가요. 맛깔난 삼겹살 한 점에 배부르고, 소주 한 잔에 취해 웃음이 절로 납니다. 학창 시절 추억에 젖어 서로 쌍욕을 뱉어가며 핀잔을 주고 웃고 떠들다, 아쉬운 마음에 자리를 파하게 되죠. 그렇게 웃고 떠들고 한바탕 놀고 나면 사실 뭐, 남는 건 없습니다. 그럴 수밖에요. 늘 하던 레퍼토리, 늘 내뱉던 흰소리가 전부니까요. 세상의 시선으로 바라보자면, 쓸데없는 소리만 서너 시간 지껄이다가 막차 타고 헤어지는 쓸모없는 모임입니다.

하지만 이렇듯 쓸데없는 소리를 나눌 수 있는 관계가 소중합니다. 이런 소중한 관계는 정말 드물어요. 중년이 될수록 찾아보기 힘들죠. 굴러가는 낙엽만 봐도 까르르한다는 학창 시절이 행복한 이유는 바로 이 쓸데없는 대화를 스스럼없이 나눌 수 있는 관계가 풍요롭기 때문입니다. 중년이 되었다면 애써 이런 관계를 회복하기 위해 노력해야 합니다. 소위 '먹고사니즘'에 꼭 필요한 관계가 아니라면 쓸모를 입증해야 하는 자리는 과감하게 정리하고, 쓸데없는 만남에 집중하세요. 중년에 접어든 당신에게 쓸데없는 대화를 나눌 수 있는 상대가 많다면, 그것만으로도 이미 축복받은 인생입니다.

**불행하다면 관계를 돌아보라**

돌이켜 생각해보건대 쓸데없는 대화를 나눌 만한 상대가 전혀 없다면, 다시 말해 가족조차 내 쓸모를 입증해야 하는 사이라면, 자신의 인생을 꼼꼼히 복기해봐야 합니다. '에이, 그래도 가족은 내 편이지'라고 자위하는 분들이 많을 겁니다. 하지만 가족에게조차 자신의 쓸모를 입증해야 하는 불행한 이들이 주변에 꽤나 많습니다.

저녁 식사를 함께 먹으며 시시콜콜한 일상을 나누는 아빠가 아니라, 그저 현금지급기가 되어버린 가장. 좋아하는 게임과 유튜브를 공유하며 마라탕을 함께 후룩거리고 싶지만, 현실은 그저 고득점 성적표를 부모에게 제출해야만 하는 아이. 손주들 재롱에 마냥 함박웃음 짓고파도, '아이 성공의 요건은 엄마의 정보력, 아빠의 무관심, 할아버지의 재력'이란 우스개에 주눅 들어 손주 학원비라도 대줘야 하나 싶어 마음이 불편한 할아버지와 할머니. 이게 바로 대한민국의 현실입니다. 가족에게조차 자신의 쓸모를 입증해야 하는 끔찍한 지옥도네요.

내 삶이 불행하다면 돈이 없거나 대단한 지위에 오르지 못해서가 아닙니다. 내 쓸모를 입증할 필요 없는, 쓸데없는 이야기를 나눌 수 있는 관계가 부족하기 때문입니다. 이때 가장 먼저 회복해야 할 가치는 '나'입니다. 가족이란 소중한 존재조차, '나'를 희생하며 보살펴서는 안 됩니다. 누군가와 대화를 나누고 나면 기분이 영 찝찝해지는 경험, 종종 있으시죠? 그러면서도 또다시 그 누군가를 만나고, 다시 우울한 기분에 빠지는 악순환을 겪어보셨을 겁니다. 그 누군가가 내 밥줄을 쥐고 있지 않다면, 그 만남은 자신의 인생에서 소거해버리세요.

> 더불어 말을 나눌 만한 사람인데 더불어 말을 나누지 않으면,
> 그 사람을 잃게 되고,
> 더불어 말을 나눌 만한 사람이 아닌데 말을 섞으면,
> 할 말을 잃게 된다.
> 지혜로운 자는 사람을 잃지도 않고, 말을 잃지도 않는다.
> ⊙ 《논어論語》위령공衛靈公

여기서 '말을 잃는다'는 표현의 의미는 뭘까요? 유희적 인간 호모 루덴스, 도구적 인간 호모 파베르, 정치적 인간 호모 폴리티쿠스, 인간을 규정하는 여러 요소가 있겠지만, 그 가운데 으뜸은 단연 언어입니다. 그러니 언어적 인간 호모 로퀜스야말로 현생 인류를 설명하는 가장 적확한 표현이 아닐까요. '언어는 존재의 집'이라는 데카르트의 표현을 굳이 빌리지 않더라도 인간에게 언어가 얼마나 중요한지 우리 모두 알고 있지요. 언어로 전해진 조상의 지혜와 지식 덕분에 우리는 항상 거인의 어깨 위에서 세상을 바라보며 자신의 성취를 시작할 수 있습니다. 언어는 인간의 정체성 그 자체이자, 인간을 다른 동물과 구분 짓는 가장 중요한 잣대입니다.

하여 말을 잃는다는 것은 결국, 자신을 상실한다는 뜻입니다. 더

불어 말을 나눌 만한 사람과 어울려야지 그렇지 않으면 내 자신을 잃게 된다는 준엄한 가르침입니다. 또한 대화를 나눌 만한 사람과는 적극적인 관계를 맺으라는 주문이기도 하네요. 나이 오십을 넘어서면 자신을 행복하게 만드는 관계에 집중할 필요가 있습니다.

가끔 억만장자 노인이 세상을 떠나며 자신의 간병인에게 전 재산을 남겼다는 뉴스 보신 적 있죠? 어릴 때는 이런 뉴스를 접할 때마다, 간병인이 뭔가 사악한 술수를 부려 외로운 어르신들의 마음을 조종했다는 의심을 하곤 했습니다. 하지만 저도 한 해 두 해 나이를 먹어가면서 점점 억만장자의 선택이 진실한 마음에서 우러난 것은 아닐까 되뇌게 되고 그 진정성을 의심하지 않는 데 이르렀습니다.

거동도 편치 않은 몸으로 하루하루 살아가는 노인에게는 온종일 말벗이 되어주며 식사를 준비해주는 간병인과의 관계야말로 무엇보다 소중한 만남입니다. 어쩌다 한 번 만나는 가족들보다, 늘 곁에 머물러주는 간병인이 더 소중하게 느껴지는 게 그리 괴상한 일이 아니라는 말입니다. 물론 억만장자 뉴스는 극단적인 예이지만, 여기서 우리는 인간관계에 대한 아주 자그마한 실마리를 얻을 수 있습니다. 나이가 들면 들수록 우리는 조금씩 부대끼는 관계를 청산하고, 나를 행복하게 만드는 관계에 모든 자원을 쏟아부어야 한다는 것이지요.

소위 인맥관리라는 허상에 빠지지 마시길 당부 드립니다. 인맥관리를 한마디로 정의하자면, 누군가의 쓸모를 획득하고 자신의 쓸모를 과시하는 '쓸모의 전시장에서 펼쳐지는 한바탕 난리굿'이기 때문입니다. 나의 쓸모를 최대한 부풀려 과장하는 동시에 타인의 쓸모를 조금이라도 더 알겨내기 위해 눈을 희번덕거리는 것이 바로 인맥관리의 본질입니다. 쓸모의 착취와 과시가 갈마들며 어떻게든 눈앞에 이익을 쟁취하겠다는 아수라장 속에서 자신을 지켜내는 것은 거의 불가능에 가까운 일이죠.

**정주민적 관계에서 벗어나 유목민적 관계로**

기차 여행을 해본 경험, 다들 한 번쯤은 있으시죠. 기차에 앉아 가다 보면 이상하게도 옆자리 사람에게 별별 얘기를 다하는 사람들이 있습니다. 가장 친한 친구나 가족에게도 털어놓지 못하는 얘기를 스스럼없이 내뱉곤 하지요. 생전 처음 보는 사람에게 그리고 앞으로도 전혀 볼 일 없을 사람에게, 마음속 깊이 묻어둔 이야기를 주절대는 자신의 모습에 놀라기도 합니다.

어떻게 그럴 수 있을까요? 답은 간단합니다. 한 번도 만난 적 없고, 앞으로도 볼 일이 없기 때문입니다. 그야말로 깃털처럼 가볍디 가벼운 관계지요. 한 번 보고 안 본다 생각하면, 못할 게 없습니다. 나의 치부를 드러내도 되고, 시시콜콜한 취향을 공유해도 됩니다. 과거나 미래 어느 방향으로도 부담 없는 관계이기에 흉금을 터놓는 것이 가능합니다. 오직 현재만이 중요할 뿐이죠. 저는 이렇게 경쾌

한 행보를 가능케 해주는 관계를 '유목민적 인간관계'라 부르고 싶습니다.

　태어나 삶을 마칠 때까지 한곳에서 살아가는 정주민의 삶과, 양이나 말이 뜯어 먹을 풀이 사라지면 미련 없이 새로운 목초지를 찾아 떠나는 유목민의 삶은 전혀 다릅니다. 정주민은 늘 주변과의 관계에 몰두하며 촉각을 곤두세워야 합니다. 이웃과 사이라도 벌어지면 큰일입니다. 품앗이로 모내기를 하고, 두레로 가을걷이를 하며, 마음 맞는 마을 사람들끼리 곡식이나 돈을 모아 계를 운영해야 하기 때문이죠. 상부상조相扶相助가 생존의 법칙이었습니다. 반면 유목의 삶은 어떤가요. 가장 큰 재산은 양이나 말이요, 천막집을 지었다 허물고 다시 짓는 것이 일상입니다. 언제든 더 좋은 초원을 찾아 떠나가면 그만이지요. 정주민처럼 이웃과의 관계에 온 신경을 쏟아붓지 않아도 되는 삶입니다.

　우리가 누군가와 관계를 맺을 때, 유목민의 태도를 견지하면 삶이 훨씬 가벼워지고 편안해집니다. 가족이나 친구에게조차 털어놓지 못하는 비밀이 많은 이유는 그 관계가 무겁기 때문입니다. 똑같은 외줄을 타도 천 길 낭떠러지에 매달린 줄을 타면 오금이 저리지만, 무릎 높이에 달린 줄은 경중경중 뛰어다닙니다. 똑같은 줄일 뿐인데 말이죠. 천 길 외줄에는 죽음의 공포감이 더해져 가늠하기 힘들 정도로 무거운 공포감이 달려 있습니다.

　기차나 시외버스를 타고 가다 보면 옆자리 승객과 간식을 나누는 경우도 종종 있죠. 그저 귤 하나 초콜릿 한 조각이지만, 왠지 더 맛있습니다. 그런데 말이죠, 여러분은 기차에서 스쳐 지나가는 인연에게 뭔가를 바라며 간식을 건네시나요? 기꺼이 호의를 베푼 할아버지가 알고 보니 재벌 회장이었다는 막장드라마 같은 일을 바라는 건 아니겠죠. 그저 그 순간 동행이 즐거워 베푸는 순수한 선의일 뿐입니다. 그러니 건네는 사람도 즐겁고 받아먹는 동행도 행복합니다. 훗날 이자까지 붙어 내게 돌아오길 바라는 삿된 마음이 없기 때문입니다. 이것이야말로 무용지용無用之用, 즉 '쓸모없음의 쓸모'가 아닐까요. 무용지용의 세계에서 경박하다는 결코 부정적 함의의 어휘가 아닙니다.

### 관계에도 손절이 필요하다

유목민의 관계란 결국 내 삶에서 집착을 들어내는 과정입니다. 인간관계의 어려움은 대개 맺을 때보다 끊을 때 벌어집니다. 주식투자에서도 흔히 '매수가 기술이라면 매도는 예술의 영역'이라는 말이 유명하죠. 인간관계에서도 아니다 싶으면 손절할 줄도 알아야 해요. 물론 인간의 심리상 손절이란 게 여간 어려운 일이 아닙니다. 하지만 손절을 잘해야 수익이 나듯 우리네 삶에서도 끊어낼 건 끊어내는 것이 건강한 관계의 기본 요건입니다.

인간관계의 어려움을 호소하는 사람들에게 정신과 의사들이 내리는 공통 처방이 하나 있습니다. 매일같이 상담하는 수많은 사례에 대한 해결책으로, "관계를 끊어라!"라고 말합니다. 자신을 괴롭히는 관계가 배우자든, 부모나 자식이든, 죽마고우든 간에 무조건 절연하라는 처방이지요. 가족이나 십수 년 알아온 친구와 의절한다는 게 생각보다 함함한 일이 아닙니다. 특히나 가족의 경우엔 더욱 어렵지요. 멀쩡한 성인 남녀가 만나 하나가 되는 결혼조차, '가문과 가문이 결합하는 의식'이라 여기는 우리나라에서는 정말 어려운 일입니다. 흔히 천륜이라는 이름의 가족과 인연을 끊으려면 감당키 어려운 죄책감과 비난을 이겨내야 하지요.

하지만 우리는 장자처럼 조금 더 가벼워질 필요가 있습니다. 만약 살다가 단 한 번이라도 인간관계에 치여 '나쁜 생각'에 빠진 적이 있다면, 그 관계를 끊어냈어야 합니다. 세상 그 어떤 관계도 자신의 생명보다 중요하지는 않습니다. 혹 다시 그런 생각이 든다면, 주저 없이 유목민의 삶을 머릿속에 떠올리세요. 지금 내가 딛고 있는 목초지의 풀이 사라지면, 그 즉시 움직여야 합니다. 굼뜨게 뭉개다가는 굶어 죽기 십상이지요. 혈육이라 해도 그 관계로 인해 나쁜 생각을 품었다면 망설임 없이 잘라내야 합니다. 인스턴트식품은 우리의 몸을 좀먹지만, 인스턴트관계는 우리의 정신을 풍요롭게 만듭니다.

# 필사 노트

DATE    /    /

<small>인 개 지 유 용 지 용</small>
**人皆知有用之用**
<small>이 막 지 무 용 지 용 야</small>
**而莫知無用之用也**

사람들은 모두 유용한 것의 쓸모를 알지만
무용한 것의 쓸모는 모르는구나!

# 가장 먼저 회복해야 할 가치는 '나'

어느 날 장주莊周는 꿈에 나비가 되었다.
훨훨 나는 나비 말이다.
그는 흔쾌히 스스로 나비라 생각했고
자신이 장주임을 알지 못했다.
그러나 금방 깨어나자 틀림없이 다시 장주였다.
장주가 꿈에 나비가 된 것인지
나비가 꿈에 장주가 되었는지 알 수가 없다.
그러나 장주와 나비는 반드시 분별이 있으니
이와 같은 것을 일컬어 물화物化라고 한다.
⊙ 《장자莊子》 내편 제물론齊物論

앞서 타인과의 관계 맺기에 대해 알아봤습니다. 마치 날아가는 저 깃털처럼 혹은 이곳저곳 목초지를 찾아 떠도는 유목민처럼 최대한 가볍게 관계를 맺어야 한다고 말했죠. 이제부터는 더욱 중요한 '나와의 관계 맺기'를 어떻게 해야 할지 알아보겠습니다. 타인과의 관계가 어렵지 나와의 관계야 너무나 자연스런 것인데 굳이 공부할 필요가 있을까, 의심하시는 분도 분명 계실 겁니다. 하지만 타자와의 관계 맺기보다 열 배쯤 아니 스무 배쯤 중요하고 어려운 것이 자신과의 관계 맺기입니다. 자신과의 관계를 잘 맺는 사람들은 대체로 타인과의 관계도 잘 맺습니다. 한마디로 자신과의 관계 맺기가 우리네 삶에서 더욱 근원적인 문제라는 말이지요.

열 길 물속은 알아도 한 길 사람 속은 모른다고 하듯, '남이야 그 마음을 알 수가 없으니 관계 맺기가 어렵지만 내 마음은 훤히 들여다보이니 나와의 관계 맺기는 훨씬 수월하지 않나!'라는 생각이 지배적입니다. 하지만 이는 분명 착각입니다. 자신의 마음을 제대로 들여다보는 사람이 우리 주위에 몇이나 있을까요. 자기 자신을 잘 안다고 자부하는 사람이 있다면, 대체로 허풍쟁이거나 무지몽매한 사람일 겁니다. 우리는 나 자신을 제대로 알지 못해요. 이 쓰라린 진실을 인정하는 것이 자신을 파악하기 위한 첫걸음입니다.

자신을 알아가기 위해선 뼈를 깎는 공부가 필요합니다. 혹독한 시련을 겪은 사람들은 자신에 대해 많이 알게 됩니다. '눈물 젖은 빵을 먹어보지 않은 사람은 인생의 참맛을 모른다'는 말이 있죠. 독일의 대문호 괴테가 남긴 말입니다. 《젊은 베르테르의 슬픔》이나 《파우스트》 같은 작품에서 삶의 농밀한 의미를 예리하게 벼려낸 작가의 명언답게, 고개를 끄덕이게 만드는 힘이 있습니다. 고생을 겪어봐야 타인에 대한 이해도 높아지고, 애정도 늘어납니다. 고생을 해봤다는 건 한계에 봉착해봤다는 뜻이지요. 내 마음의 그릇이 얼마나 큰지 알려면 동서남북 각 경계까지 가봐야 합니다. 삶의 시련은 내 그릇의 크기를 정확히 알려줍니다. 젊어 고생 사서도 한다는 진부한 격언이 있죠? 진부할지는 몰라도 진실에 가까운 말입니다.

### 나와 관계 맺기의 시작

자세히 봐야 아름다운 건 비단 들꽃만은 아닙니다. 우리 자신도 자세히 들여다봐야 그 실체를 드러냅니다. 아무리 자신을 알고 싶어 안달이 났어도, 삶의 시련을 내려달라고 하늘에 빌 수는 없습니다. 무예를 연마할 때도 최고의 수련법은 실전입니다. 진검을 가지고 단련하다 보면 최고의 무사가 될 수 있습니다. 단, 칼에 맞아 죽지 않을 만큼 운이 좋아야 합니다. 그렇다면 나 자신을 파악하기 위한, 가장 효율적이며 안전한 약속대련은 무엇일까요?

바로 여행입니다. 낯선 환경 속에 자신을 밀어 넣어보면, 자신의 한계를 파악하게 됩니다. 내 인내심은 어느 정도이고, 내 공감능력은 어디까지이며, 내 속 좁은 이기심은 얼마나 지독한지 파악하게 됩니다. 여행은 결국 내 자신에 대한 조감도를 완성하기 위한 초벌 스케치입니다. 불편한 잠자리와 먹거리는 몸을 고달프게 하고, 연착한 비행기나 기차는 마음을 졸이게 합니다. 아무리 안전하다 소문난 국가라 한들, 여행하다 보면 자연스레 불안감에 사로잡히게 됩니다. 하지만 이 불편하고 불안한 감정 속에서 우리는 자신의 맨얼굴과 마주할 수 있게 됩니다. 마치 어둠 속에서 얼굴을 만지며 파악하는 것처럼 느리고 더디지만 확실한 방법입니다. 흔히 젊어서 여행을 자주 하라고 말하는데요, 거꾸로 말하자면 여행하기 가장 좋은 때가 젊은 시절이라는 의미이기도 합니다. 진정한 자아를 마주하는 일은 빠르면 빠를수록 좋으니까요.

여행을 통해 자아를 찾아낸 대표적인 인물이 바로 공자입니다. 노나라를 시작으로 정나라, 진나라, 초나라 등 여러 제후국을 거치며 이상적인 유가 정치를 펼치려 노력했습니다. 하지만 공자의 유세遊說는 번번이 여러 제후들에게 거절당했고, 이리저리 떠도는 처량한 신세에 '집 잃은 개(상가지구喪家之狗)'라고 불리기까지 했습니다. 공자 일행은 진나라와 채나라 국경에 갇혀 굶다가, 많은 제자들이 영양실조에 걸릴 정도로 어려움을 겪기도 했습니다. 충성심 깊기로 둘째가라면 서러울 제자 자로子路조차 화가 나 스승에게 따져 물었습니다. "군자도 곤궁할 때가 있는 겁니까?" 하지만 후대에 진채지액陳蔡之厄(공자가 주유천하할 때 진나라와 채나라 사이에서 당한 횡액. 진나라와 채나라 대부들이 공모해 공자 일행을 포위하고 식량을 끊어 일주일간 굶게 만든 사건)이라 불리는 이 고난은 공자를 성인聖人의 반열에 오르게 만든 자양분이 되었습니다.

신산한 여정을 통해 꿈을 이뤄낸 근현대의 인물도 있으니, 바로 중국공산당의 아버지 마오쩌둥입니다. 마오쩌둥의 홍군은 장제스가 이끄는 국민당군의 병력에 비하자면, 모든 측면에서 열세였습니다. 제1차 국공합작이 깨지고, 장제스에게 연전연패하던 마오쩌둥은 결단을 내리고 대장정大長程에 나섭니다. 큰 강을 스물네 번 건너고, 산맥을 열여덟 차례 오르내리며 무려 9,600킬로미터를 힘겹게 이어간 대장정을 통해 마오쩌둥은 농민과 더불어 호흡할 수 있었지요. 덕분에 그는 군사적 열세를 극복하고 중화인민공화국을 건국하고, 중국 대륙에 공산당 붉은 깃발을 세울 수 있었습니다.

### '상'을 맺지 않는 연습하기

공자나 마오쩌둥처럼 기나긴 여정을 통해 자신의 정체성에 대한 깨달음을 얻었다면, 그다음 행보는 무엇일까요? 자, 결론부터 먼저 말씀드릴게요. 우리는 우리 자신에 대해 '상像'을 맺지 말아야 합니다. 스스로에 대해 상을 맺지 않는 삶이야말로, 장자가 추구하던 자유의 기본 전제입니다. 상을 맺는다 혹은 맺지 않는다…? 쉽사리 이해되지 않는 표현이지요. 먼저 '상을 맺는다'는 표현이 무슨 뜻인지 알아볼게요.

조지 레이코프의 저서 《코끼리는 생각하지 마》는 프레임 이론의 고전입니다. '코끼리는 생각하지 말라'고 윽박지르면, 되레 머릿속은 코끼리로 가득 차게 되지요. 벌써 스무 살이나 된 이 저작물 덕분에, 우리는 프레임이란 용어와 개념을 일상에서도 손쉽게 사용하곤 합니다. 그런데 말이죠, 한번 생각해보신 적 있나요? 왜 코끼리지? 고양이나 낙타나 코뿔소나 톰슨가젤이나 이구아나가 아니고, 왜 하필 코끼리일까요?

인지언어학의 창시자인 그가 수많은 동물이나 사물 가운데 코끼리를 선택한 것이 그저 우연의 산물일지라도, 언어의 본령이 상상력이라는 점을 고려해보자면 이거 뭔가 절묘하다는 느낌을 받게 됩니다. 왜냐고요? 상상想像이란 단어를 뜯어볼까요. 상상은 생각하다 상想에 형상 상像을 합쳐 만들어진 어휘입니다. 이 중 형상 상像을 파자하면, 사람 인亻에 코끼리 상象이에요. 또한 형상 상像의 두 번째 뜻풀이는 '실제 인물이나 사물을 본뜬 그림이나 조각'입니다.

역시나 우연인지 모르겠지만, 한비자韓非子는 도道가 무엇인지 설명하기 위해, 코끼리를 비유의 도구로 끌어옵니다.

> 세상 사람들이 살아 있는 코끼리를 볼 기회는 드물다.
> 그래서 죽은 코끼리의 뼈를 보고 코끼리 그림을 생각해내고,
> 마침내 살아 있는 코끼리를 상상한다.
> 그리하여 사람들은 제 마음속에 그려진 코끼리를
> 모두 진짜라고 여긴다.
> ⊙ 《한비자韓非子》 해로解老

스스로에 대해 상을 맺지 말라는 주문에서 말하는 상이 바로 이 '상像'입니다. 자신에게 상을 맺는다는 의미는 '자유를 속박하고 경

계를 구획 지어 틀거지에 가두는 모양새'를 의미합니다. 우리는 늘 우리 자신에게 불만이죠. 내 얼굴은 차은우처럼 잘생겨야 하는데, 나는 왜 이 모양일까. 내 몸매는 모델처럼 날씬해야 하는데, 나는 왜 이 모양일까. 내 재산은 젠슨 황처럼 많아야 하는데, 나는 왜 이 모양일까. 내 아파트는 강남에 있어야 하는데, 나는 왜 이 모양일까. 내 대학 졸업장은 적어도 SKY 정도는 되어야 하는데, 나는 왜 이 모양일까. 내 건강은 천하장사처럼 튼튼해야 하는데, 나는 왜 이 모양일까. 내 자리는 사장이고 임원이어야 하는데, 나는 왜 이 모양일까. 부, 건강, 학벌, 외모, 명예, 지위 등등 내가 나에게 상을 맺어 세속적 가치를 강요하기 때문에, 나는 늘 불만이고 불행한 겁니다.

'코끼리는 생각하지 말라'고 하면 머릿속이 코끼리로 가득 차는 것처럼, '상을 맺지 말라'는 주문 역시 지키기가 쉽지는 않아요. 하지만 꾸준히 연습해야 합니다. 한비자의 표현처럼 우리는 실체를 제대로 파악하지도 못한 채, 늘 쫓기듯 자신만의 코끼리를 머릿속에 그리곤 합니다. 그리고 그 코끼리가 성에 차지 않는다며 성마른 표정을 짓고 투덜댑니다. 하지만 그 코끼리는 대체로 우리의 정체성과 부합하지 않아요. 때로는 주위 사람의 강퍅한 평가에, 때로는 SNS가 뿜어내는 속된 기준에, 때로는 부모의 잔소리나 자식의 성화에 못 이겨, 이리 치이고 저리 휘둘리며 억지스레 그려진 코끼리 그림일 뿐입니다. 스스로의 상을 맺지 않는 삶이야말로 진정 자유로운 인생입니다.

꿈속에서 즐겁게 술 마시던 자가

아침에 깨어 통곡하고,

꿈속에서 통곡한 자가

아침에 깨어 즐겁게 사냥을 나선다.

방금 꿈을 꾸고 있으나,

그것이 꿈인 줄 알지 못한다.

꿈에서 또 꿈을 꾼들,

그것이 꿈인지 알지 못한다.

깨고 나서야 그것이 꿈인 줄 알게 된다.

큰 깨달음이 있은 후에야,

비로소 이 삶이 큰 꿈임을 알게 된다.

(중략)

내가 '당신이 꿈꾸고 있다'고 말하는 것도 꿈이다.

⊙ 《장자莊子》내편 제물론齊物論

흔히 인생을 일장춘몽一場春夢이라 비유하지요. 한바탕 봄날의 꿈이라는 의미로, 송나라 최고의 시인 소동파蘇東坡의 일화에서 유래한 고사성어입니다. 소동파는 일찍이 그 학문을 인정받아 조정에 중용되었지만, 왕안석王安石의 신법에 반대해 지방관으로 전전하거나 유배를 당하기도 했습니다. 귀양 간 섬에서 소동파가 산책을 하던 중, 지나가던 노인이 탄식하며 말했습니다. "지난날의 부귀영화는 한바탕 봄날의 꿈이로구나! 문장으로 천하를 놀라게 하던 인물이 이렇게 한가로이 시골길이나 거닐고 있으니 말이다."

마침 소동파의 〈춘야春夜〉라는 시가 있으니 잠시 감상해볼까요.

봄밤의 일각은 천금의 가치가 있다네
꽃들은 맑은 향기 머금고 있고, 달빛은 구름에 가려 어두운데
노랫가락 흥겹던 누대엔 정적만이 감돌고
아낙네들 그네 뛰던 정원에도 밤만 깊어가네

⊙ **〈춘야春夜〉**

제물론의 한 구절처럼 꿈에서 흥겹게 즐기던 자가 아침에 통곡하듯, 노랫가락 울려 퍼지던 누대에는 정적만 감돌고 있음을 표현하고 있는 시입니다. 소동파의 시가 '우리네 삶이란 그저 한바탕 꿈이로구나!'라는 인생무상人生無常을 읊고 있다면,《장자》의 다음 구절은 한 걸음 더 나아갑니다. "꿈속에서 즐겁게 술 마시던 자가 아침에 깨어 통곡하고, 꿈속에서 통곡한 자가 아침에 깨어 즐겁게 사냥을 나선다." 만물이 돌고 돌아 변화하고 있음을 표현하고 있습니다. 소동파의 시가 인생의 덧없음을 표현하고 있는 명사형이라면,《장자》의 제물론은 만물이 변하고 다시 변한다는 동사형 메시지입니다. 시시각각 변화하는 겉모습에 현혹되지 말고, 본질을 꿰뚫어 보라는 주문이기도 합니다.

장주가 꿈에 나비가 된 것인지, 아니면 나비가 꿈에 장주가 된 것인지는 중요하지 않습니다. 장자는 제물론을 통해 우리의 인식론적

한계를 극복하고, 매사 시시비비是是非非를 가리는 태도를 지양하라고 주창합니다. 극단적인 예로 삶과 죽음마저 하나인데, 사실 그 이외의 사안에 대해 이러쿵저러쿵 재단하는 행태는 깨달음을 얻지 못한 태도라는 것이죠.

제물론이란 말 자체를 찬찬히 뜯어봅시다. 가지런하다 제齊에 사물 물物입니다. 세상 만물을 가지런히 한다는 뜻이죠. 하지만 세상사 모두가 하나이니, 기계적이고 획일적인 시선으로 세상을 재단하라는 의미는 결코 아닙니다. 작은 시시비비에 얽매이지 말고 대범한 태도로 세상을 바라보며, 조화로운 세계관을 품으라는 주문입니다. '삶이 있으면 죽음이 있고, 가능이 있으면 불가능이 있으며, 옳음을 좇아 그름을 따르고 그름을 좇아 옳음을 따른다'고 장자는 역설하고 있습니다.

이러한 '제물론적 세계관'을 갖고 있다면, 차마 자신에게 상을 맺을 수는 없겠지요. 세상을 가지런히 바라보는 관점에서는 재산이나 명예, 건강과 미모 모두 치졸한 기준일 뿐입니다. 자연스레 자신에게 상을 맺는 어리석음 따위는 범하지 않게 될 겁니다.

## 필사 노트

DATE    /    /

<small>부 지   주 지 몽 위 호 접 여</small>
**不知 周之夢爲胡蝶與**
<small>호 접 지 몽 위 주 여</small>
**胡蝶之夢爲周與**

장주가 꿈에 나비가 된 것인지
나비가 꿈에 장주가 되었는지 알 수가 없다.

# 자아를
# 올곧게 세우려면

남곽南郭의 자기子綦가 책상에 기대어 앉아
하늘을 우러러 숨을 쉬며, 자기 자신을 잃은 듯 보였다.
제자 안성자유顔成子遊가 앞에서 모시고 있다가 물었다.
"무슨 일이십니까?
육신은 마른 고목 같고, 마음은 꺼진 재와 같으니,
지금 선생님의 모습은 어제의 모습이 아닙니다."
자기가 답했다.
"언아! 참으로 훌륭한 질문이도다!
지금 나는 내 자신을 잃었는데, 너는 알아챘느냐?
아마도 너는 사람의 피리소리는 듣지만,
땅의 피리소리는 듣지 못했을 것이다.
설령 땅의 피리소리를 들었다 해도,

하늘의 피리소리는 들어보지 못했을 것이다."

(중략)

큰 지혜는 관대하고, 작은 지혜는 사소한 것도 따진다.
큰 말은 기세가 성대하고, 작은 말은 수다스럽다.
잠을 잘 때는 정신이 어지럽고, 깨어나면 몸이 열린다.
외부 세계와 얽혀 있으니, 항상 마음에 갈등이 일어난다.

⊙ 《장자莊子》 내편 제물론齊物論

자기와 제자 사이의 이 대화는 《장자》의 제물론 가운데 핵심적 사상을 다룬 중요한 대목입니다. 여기서 '자기 자신을 잃은 듯 보였다'는 구절의 원문을 주목할 필요가 있습니다.

오상아吾喪我. 문자 그대로 해석하자면, '내가 나 자신을 잃었다'는 의미도 되고, '내가 나를 장사 지냈다'는 뜻도 됩니다. 편견과 고집으로 중무장한 채 세상을 바라보면, 늘 타인과 충돌할 수밖에 없겠죠. 내가 나를 잃었다는 건 자신의 견해에 대한 집착을 버리고, 마음을 비웠다는 의미가 됩니다. 흔히 자아가 올곧게 바로 선 사람들이 세상과 충돌한다고 생각하지요. 지조 있고 뱃심 있고 확고한 믿음이 있으니, 아무래도 조화하기 어렵다는 생각입니다.

하지만 '어설픈' 경우가 그렇습니다. 자아가 온전히 충만한 상태에서 되레 세상과 화합하며 살아가게 됩니다. 섣부른 자기 확신에 가득 차 있는 경우, 나와 조금만 다른 상대방을 만나면 마치 뭔가 대단히 잘못되었다는 듯 시비를 걸고 못나게 굴지요. 다름과 틀림의 차이를 구분하지 못하는 어리석은 행태입니다. 자아가 올바로 박힌 사람들은 타인과 조화롭게 살아갑니다. 공자는 이러한 경지를 화이부동和而不同이라 설명합니다. 세상과 화합하되 자신의 정체성을 굳건히 지켜나가는 견고한 자세입니다. 화이부동의 경지에 다다르려면 나를 한번 바닥까지 비워내야 합니다.


### 나를 죽여, 나를 되찾다

오상아吾喪我, 즉 나를 장사 지낸다는 극한의 표현은 결국 죽음을 인정하다 못해 체화해버린 경지를 의미합니다. 서양에도 비슷한 의미의 표현이 있습니다. 죽음을 기억하라는 뜻의 라틴어 메멘토 모리memento mori가 그것이죠. 로마 공화정 시절 전쟁에 승리한 장군은 전차를 타고 시내를 활보하는 위풍당당한 개선 의식을 치렀습니다. 달리는 전차 위에서 시민들을 바라보며 자신의 위용을 뽐내던 장군들은 마치 자신이 신神이라도 된 것처럼 착각에 빠져 우쭐댔겠죠. 그때 전차의 꽁무니에 노예 한 명이 올라타 외치던 소리가 바로 '메멘토 모리'입니다. 죽음을 기억하라! 그대가 인간이라는 사실을 기억하라! 인간이라면 누구나, 특히 개선장군의 위치에 있다면 더더욱 명심해야 하는 것이 바로 죽음의 존재입니다.

기묘한 일인지 모르지만, 저는 죽음을 생각하면 도리어 마음이 평온해집니다. 이상하게 들릴지 모르겠지만 수능시험이나 중요한 입사면접 등을 앞둔 수험생들에게 가장 좋은 처방은 우황청심환이 아니라 '메멘토 모리'입니다. 사시나무처럼 떨려서 시험을 제대로 치르지 못하겠다는 수험생이 있다면, 가만히 눈을 감고 3분만 자신의 임종 순간을 상상해보라고 하세요. 삶을 마무리하는 마지막 날의 구체적인 상황을 머릿속으로 그려보는 겁니다. 제대로 몰입만 한다면 효과 만점일 겁니다.

백 년도 안 되는 짧은 삶에서 그깟 대입이나 취업 실패가 얼마나 사소한 이벤트인지 깨닫고 다시 평정심을 찾게 되겠죠. 인생의 한 관문을 넘어야 하는 수험생이나 취준생에겐 입시나 취업이 세상 전부로 느껴질 테지만, 실은 한두 번 넘어져도 아무런 지장이 없음을 지천명에 다다른 우리는 이제 알고 있습니다.

'오상아' 혹은 '메멘토 모리'를 비단 수험생에게만 적용할 필요는 없습니다. 하루하루 평범한 일상을 살아가는 우리들에게도 아주 유용한 맞춤 처방입니다. 아침에 등교하거나 출근할 때마다 '오상아'를 머릿속으로 되뇌어보세요. 숨막히는 만원 지하철에서 누군가 내 발을 밟아도, 자리에 앉자마자 부장의 잔소리가 쏟아져도, 내가 산 주식이 곤두박질쳐 반토막이 나도 평정심을 유지할 수 있을 겁니다.

우리는 흔히 하루살이를 비웃죠. 고작 하루 살고 죽을 것을 뭘 그리 아등바등하냐고요. 하지만 수십억 년에 달하는 대자연의 기나긴 시간 앞에서, 우리 인간 역시 하루살이나 다를 바 없습니다. 장주가 나비의 꿈을 꾸었는지 나비가 장주의 꿈을 꾸었는지 모르지만, 뭐 그게 대수일까요.

오상아의 경지에 다다른 남곽의 자기는 인간의 피리소리, 땅의 피리소리, 하늘의 피리소리를 언급합니다. 인간의 피리소리는 사람들의 다양한 주장과 사상을 의미하고, 땅의 피리소리는 대자연을 의미합니다. 마지막으로 하늘의 피리소리는 세상이 돌아가는 원리 즉, 도道를 의미합니다.

스승 자기는 제자에게 인간의 다양한 사상과 주장들은 들어봤을 것이라 말합니다. 춘추전국시대를 흔히 백가쟁명百家爭鳴의 시대라 말하죠. 온갖 탁월한 사상가들이 뛰쳐나와 자신이 옳다며 다투어 주장하던 때이니, 당연히 유가儒家, 도가道家, 법가法家, 농가農家, 명가名家 등 다양한 학설이 난무했겠지만, 이는 작은 지혜에 지나지 않습니다. 또한 스승은 대자연이 빚어내는 깊은 울림은 들어보지 못했을 거라 말하죠. 자연의 흐름에 귀를 기울인다는 것만 해도 대단한 성취입니다. 하지만 스승은 설사 자연의 울림에 귀 기울였다 해도, 진정한 도를 깨닫지는 못했을 거라 말합니다. 아직 제자는 자신을 비워내는 경지에 다다르지 못했음을 넌지시 지적하고 있는 대목이지요.


조문도석사가의朝聞道夕死可矣. 아침에 도를 들으면 저녁에 죽어도 좋다는 공자의 말씀입니다. 우리는 보통 이 문장을 해석할 때 '도道'에 방점을 찍지만, 저는 여기서 '사死'에 주목하고 싶습니다. 우리 인간도 결국엔 아침에 태어나 저녁에 죽는 하루살이라는 것이지요. 도를 깨닫든 그렇지 못하든 간에 우리네 삶은 영원하지 못합니다. 백 년이나 하루나 우주의 시간 속에선 똑같은 찰나일 뿐입니다.

그러니 제발, 스스로 상像을 맺는 어리석음을 범하지 마세요. 좋은 아버지라는 상像을 스스로에게 부여하고, 아무리 바빠도 아이와 놀아주는 아버지들이 요즘 부쩍 늘었죠. 바람직한 현상입니다. 하지만 야근에 회식에 몸이 천근만근인데도 억지로 아이와 놀아주는 것은 결코 행복한 삶이 아닙니다. 상을 맺어놓고 억지 춘향 격으로 밀어붙이면 언젠가 사달이 납니다.

관인엄기寬人嚴己. 문자 그대로, 남에게는 관대하고 자신에게는 엄격하라는 말이죠. 남을 대할 때는 봄바람처럼 관대하고, 자신을 대할 때는 가을 서리처럼 엄격하라는 '대인춘풍待人春風 지기추상持己秋霜'이란 구체적 표현도 있습니다. 두말할 여지없이 좋은 말씀입니다만, 여기서 한발 더 나아갔으면 싶습니다. 남에게도 관대한 만큼 자신에게도 관대했으면 좋겠어요.

생각보다 많은 사람이 남에게는 관대하면서 스스로에게는 지나치게 엄격합니다. 특히나 인격이 도야된 사람들이 그렇지요. 항상 좌고우면해 남을 먼저 배려하며, 대체로 사회적 지위도 높습니다. 한마디로 잘난 사람들입니다. 그런데요, 이렇게 좋은 스펙을 갖춘 사람들이 훌륭한 사람일지는 몰라도, 불행한 경우가 많습니다. 자기에게 엄격하고 자신에게 명확한 상을 맺고 있기 때문이죠. 스스로 행복지수를 높이려면 '대인춘풍待人春風 지기춘풍持己春風'해야 합니다. 스스로에게도 봄바람을 휘휘 불어, 상을 맺지 못하게 달궈야 한다는 말입니다.

## 애써 갈고 다듬지 않아도

괴테의 희곡,《파우스트》의 주인공 파우스트 박사는 지적 욕망이 거대한 인간입니다. 파우스트 박사는 평생을 바쳐 공부하고 연구하며 철학, 법학, 의학에 심지어 신학에까지 심취해봤지만, 충분히 현명해지지 않았다고 절망합니다.

바로 그 순간, 악마 메피스토펠레스가 나타나 삶이 지속되는 동안 부, 명예 심지어 쾌락까지 원하는 모든 것을 선사하겠노라 약속합니다. 다만 그 대가로 파우스트 박사의 영혼을 내놓으라고 주문하죠. 파우스트 박사는 피의 서약을 맺으며 악마와의 거래를 성사시킵니다. 천지만물의 근원을 탐구하려 했던 파우스트 박사는 인간의 능력으로는 도달할 수 없다는 한계를 깨닫고, 악마와 계약을 맺게 된 겁니다.

스스로 상을 열정적으로 맺는 부류의 사람들을 파우스트 박사와 견주어 볼 수 있습니다. 끝없이 욕망하며 발전하려는 인간 군상의 표본이 바로 파우스트 박사입니다. 괴테는 이러한 인간의 본성을 긍정했나 봅니다. 악마의 손길에 의해 나락으로 갈 뻔한 순간, 파우스트 박사는 결국 신의 구원을 받게 됩니다.

유교의 관점에서도 이렇듯 노력을 장려하고, 끊임없이 발전하려는 인간 군상을 군자君子로 일컬으며 칭송합니다. 《논어》학이學而 편에 등장하는 절차탁마切磋琢磨가 대표적인 예입니다. 《시경詩經》 의 구절에서 인용한 말로, 옥이나 돌 따위를 자르고, 갈고, 다듬듯 이 학문과 덕행에 힘쓰라는 말이지요. 어디 하나 나무랄 데 없이 훌륭한 구절입니다.

하지만 장자는 전혀 다른 패러다임을 적용해, 그저 있는 그대로 바라보라고 주문합니다. '굴러다니는 돌이나 옥 덩어리 자체가 있 는 그대로 아름답지 않냐'는 외침이지요. 굳이 애써서 갈고 다듬지 않아도 돌덩이 그 자체로 훌륭하다 여기는 겁니다. 상을 맺지 않는 태도인 것이죠. 장자가 파우스트 박사의 파란만장한 삶을 접했다 면, 왜 처음부터 악마에게 영혼을 팔았냐고 꾸짖었을 겁니다. 인간 으로서 파우스트 박사가 기울인 노력이면 족하다는 평가도 덧붙였 겠지요.


### 참된 행복에 이르는 길

우리도 우리 자신의 참모습에 더 많은 사랑을 쏟아부어야 합니 다. 다시금 오상아吾喪我의 의미를 되새김질해봅니다. 여기서 장사 치러 보내버리는 '나'는 세상의 이념 체계와 지식 체계에 찌들어 갈 고닦인 자아입니다. 이 자아를 철저히 소멸시키고, 오롯이 남은 '나' 야말로 진정한 자아입니다. 우리는 이 남아 있는 자아를 소중히 여 기고, 아끼고 보듬고 위해줘야 합니다. 그제야 비로소 우리는 참된 행복에 다다를 수 있습니다.

나이 오십쯤 되면 동창 모임에서 퇴직한 친구들도 더러 만나게 됩니다. 조기 퇴직한 친구 입장에서는 '다른 친구들은 여전히 월급을 꼬박꼬박 받고 있는데, 나만 뒤처진 것 같다'며 마음이 흔들릴 겁니다. 우울하기도 하고 우세스럽기도 할 테지만, 전혀 그럴 필요 없습니다. 내가 회사에 끝까지 살아남아 정년퇴임을 맞이할 거라는 것 역시, 자신에게 맺은 상일 뿐입니다. 어려서부터 공부를 잘해야 하고, 좋은 대학에 입학해야 하고, 다시 대기업에 취직해야 하고, 회사에 입사를 했으면 임원 정도까지는 올라줘야 하고, 강남에 아파트 한 채는 소유하고 있어야 하며, 독일에서 건너온 외제 차 정도는 몰아줘야 한다는 게, 바로 우리 대다수에게 맺힌 아주 더러운 상입니다. 여기서 과감히 벗어나야 해요.

그런데 말이죠, 제가 든 이 예시조차 상에 찌들어 있습니다. 반성합니다. 직장이 어디 대기업만 있나요? 농사를 지어도 되고 택배를 날라도 되며, 시장에서 장사를 해도 되고 편의점 알바를 해도 됩니다. 먹고사는 방법은 그야말로 각양각색이고 직업에 귀천은 없습니다. 신체가 건강하지 않아 육체노동을 못 하고, 나라에서 주는 생활보조금을 지원받아 살 수도 있습니다. 우리는 너나 할 것 없이 누구나 지리소가 될 수 있습니다.

지리소가 되어서도 상을 맺지만 않는다면, 얼마든지 행복해질 수 있습니다. 내가 나비 꿈을 꾸는지, 나비가 내 꿈을 꾸는지 알 수 없는 삶이지만, 굳이 이분법적 사고에 갇혀 그 시비를 따져 물을 필요가 있을까요. 삶과 죽음마저 하나이니, 매일매일 나는 '외부 세계와 얽힌 찌든 나'를 죽여, 마음을 열고 행복을 얻어야겠습니다. 제발 스스로 봄바람을 맞으며 자신의 진짜 목소리에 아니, 피리소리에 귀를 기울여보세요. 나를 죽여, 도리어 잃어버린 자신을 되찾을 수 있을 겁니다.

# 필사 노트

DATE    /    /

### 今者吾喪我
<small>금 자 오 상 아</small>

### 汝知之乎
<small>여 지 지 호</small>

지금 나는 내 자신을 잃었는데,

너는 알아챘느냐?

# 시시비비를 넘어
# 온전한 자유를 누리면

나누어지는 것이 있으면 생겨나는 것이 있고,
생기는 것이 있으면 사라지는 것도 있다.
무릇 만물은 생겨나지도 사라지지도 않고,
다시 통하여 하나가 된다.
오직 도道를 깨달은 자만이 만물이 통하여 하나가 됨을 안다.
(중략)
사람들은 정신을 쏟아가며 한쪽을 좋다고 하지만
그것이 크게 보면 하나라는 것을 알지 못한다.
이것을 일컬어 조삼朝三이라 부른다.
무엇을 조삼이라 하는가?
원숭이 주인이 밤을 먹이로 주는데
하루는 아침에 세 개 저녁에 네 개를 주겠다고 했다.

그러자 원숭이들이 모두 분노했다.
이에 주인은 아침에 네 개 저녁에 세 개를 주겠노라 말했다.
원숭이들은 모두 좋다고 기뻐했다.
명분도 실상도 달라진 것이 없는데
좋아하고 싫어하는 반응이 일어났으니,
이것은 마음을 따랐기 때문이다.
그러므로 성인은 시비是非 판단을 조화롭게 받아들여,
하늘의 균형 잡힌 이치 속에 두려 한다.
이것을 일컬어 양행兩行이라 한다.

⊙ 《장자莊子》 내편 제물론齊物論

　장자의 사상을 온전히 이해하려면, 그가 살았던 당대의 시대상을 먼저 면밀히 꿰어봐야 합니다. 장자莊子는 '장선생님'이란 후대의 존칭이고, 그의 이름은 주周입니다. 장주莊周는 송나라 몽蒙 지역 출신으로, 대략 기원전 369년 즈음 태어난 것으로 추정합니다. 한나라의 유향劉向은 이 시기의 역사를 기록하여 책으로 엮었는데, 그 책 이름이 바로 《전국책戰國策》입니다. 이 책 이름에서 유래해, 장자가 활약하던 그 시기를 우리는 전국시대라 부릅니다. 문자 그대로 여러 나라가 자신의 이익을 위해 칼과 창을 앞세워 서로가 서로를 침공하던 전쟁의 시대란 뜻입니다.
　공자가 엮었다고 알려진 역사서 《춘추春秋》에서 유래한 춘추시대와 더불어, 후대의 사가들은 이 시기를 춘추전국시대라 부릅니다.

지금도 춘추전국시대란 말은 어지럽고 혼란스런 상황을 비유하는 대표적인 표현으로 자주 사용됩니다. 압도적인 권력이 붕괴되고, 너도나도 패권을 잡겠다고 이전투구하는 양상이죠. 스포츠계나 산업계 혹은 방송계 등등 여러 방면에서 뚜렷한 선두 주자가 없는 경우에도 종종 등장하는 표현입니다.

춘추시대와 전국시대는 한데 묶여 있지만, 실상 그 차이가 큽니다. 백성들의 생활에 가장 큰 영향을 끼치며 그들의 생사마저 쥐락펴락하던 전쟁의 양상만 해도 천양지차예요. 춘추시대만 해도 장수 중심의 전차전戰車戰 위주였다면, 전국시대에 접어들면서 보병 백병전白兵戰 양상으로 변모하게 됩니다. 춘추시대에는 주周나라의 존재를 형식적으로나마 인정하고 읍제국가邑制國家(도시국가와 비슷한 국가형태) 형태로 국가가 운영되었습니다. 하지만 전국시대에 접어들면서 제후국들은 주나라 황실의 존재를 대놓고 무시했으며, 이즈음 국경선을 명확히 따지는 영토국가 개념이 확장되기 시작합니다.

### 혼돈의 시대 속에서

주나라의 봉분을 받던 제후국의 신분에서 독립국가의 지위로 변화했으니, 여러 나라들은 모회사 중심의 자회사 관계에서 벗어나 엄연한 독립 법인이 된 셈입니다. 아무래도 패권 다툼은 더욱 치열해지고 노골적으로 변할 수밖에 없었겠죠. 여기에 더해 춘추시대가 청동기 위주의 사회였다면, 제철 기술이 발달한 전국시대는 철기 농기구의 발전으로 농업 생산력이 증대되고 철제 무기 덕분에 전쟁 수행 능력도 배가되었던 시기였습니다.

춘추시대의 전쟁이 며칠 만에 승패가 결정된 낭만적 전쟁이었다면, 전국시대에 이르러서는 몇 개월에서 몇 년까지 이르는 처절한 전면전이 펼쳐졌습니다. 송양지인宋襄之仁이란 고사성어를 아시나요? 직역하자면 송나라 양공襄公의 어진 행동이란 뜻인데요, 주로 어리석은 대의명분이나 쓸데없는 인정에 매여 그릇된 판단을 내리는 사람을 비꼬는 사자성어입니다.

사건의 양상을 설명해보겠습니다. 당시 패권을 다투던 송나라 양공과 초나라 성왕成王이 강을 사이에 두고 전투를 벌이게 되었습니다. 송나라 병사들은 먼저 도착해 진을 치고 있었고, 초나라 병력은 뒤늦게 도강을 하고 있었습니다. 송나라 병력은 수적으로 열세였기에 적군이 강을 건너느라 정신이 없을 때, 공격을 가해야 했죠. 하지만 송나라 양공은 군자된 도리로 적이 전열을 가다듬을 때까지 기다리라 명합니다. 이는 송나라의 완패로 귀결되었고, 후세의 사가들은 이때 양공의 어리석음을 두고두고 비판했습니다. 적어도 춘추시대까지는 이런 낭만적 전쟁이 존재했음을 알 수 있는 고사입니다.

전국시대로 접어들며 징병제가 도입되고 일정 나이가 된 장정들은 군대에 가야 했습니다. 춘추시대에 장수들에게만 지급되던 창과 칼이 사병들에게까지 지급되니, 그야말로 피가 튀고 시신이 나

뒹구는 참상이 벌어졌지요. 전쟁의 비극으로 인해 백성들의 삶은 점점 피폐해지고, 혼돈의 시대 속에서 고달픈 삶을 지탱해줄 사상적 기반을 갈구하게 되었습니다.

전국시대의 사상 체계를 논하자면, 흔히 법가를 가장 먼저 떠올리기 마련입니다. 전국시대를 매조지하고 천하를 통일한 진시황이 이사나 상앙 등 법가 사상가를 중용했기 때문이지요. 게다가 분서갱유와 같은 전대미문의 사건을 일으키며 유가를 핍박한 진시황의 인상적인 악행이 뇌리에 강렬하게 남아 있으니, 대중들에게는 마치 법가가 유가보다 우월하다는 이미지가 각인되어 있기까지 합니다. 하지만 춘추시대는 물론이요 전국시대에 이르기까지 유가는 주류 사상으로 인정받았고, 현실 정치에도 깊숙이 관여한 사례가 많았습니다.

당대 가장 유행한 사상은 유가儒家와 묵가墨家였습니다. 주나라를 이상향으로 여기며 유가를 주창하던 춘추시대의 전통과 겸애사상을 바탕으로 치고 올라오는 묵가가 대격돌을 벌이고 있었죠. 엄밀히 말하자면, 묵가의 세가 훨씬 기세등등했습니다. 오늘날 관점으로 보자면, 유가가 우세했으리라 생각하지만 이는 후대의 평가일 뿐입니다. 한漢 무제武帝 재위기에 동중서董仲舒가 유가를 국가 체제 유지를 위한 이념으로 활용한 이래, 주자朱子를 거치며 유가가 제자백가의 대표 주자가 되었습니다만 당시 상황은 달랐습니다. 전국시대 유가의 대표 주자인 맹자는 "양주와 묵적의 말이 천하에 가득하다"고 한탄하며 공자의 도가 쇠했음을 안타까워했어요.

두 사상 모두 인仁, 다시 말해 인간에 대한 사랑을 주창하지만 유가가 별애別愛를 강조했다면 묵가는 겸애兼愛를 내세웁니다. 별애란 한마디로 차별 있는 사랑입니다. 섭공葉公이 공자와 대화 중 자식이 양을 훔친 아버지의 죄를 고발했다며 정직한 행동이라 말하자, 공자는 정색하며 "아버지는 아들을 위해 숨기고, 아들은 아버지를 위해 숨겨주지만 정직은 그 가운데 있는 것입니다"라고 답합니다.

유가의 별애는 부모에 대한 사랑으로 시작해 형제, 이웃 등으로 점점 퍼지는 동심원 같은 사랑을 의미합니다. 인간의 현실적 한계를 인정하는 유가의 사랑과 달리, 묵가는 이상적인 평등한 인류애를 주창합니다. 인간의 본성을 따르는 것이 도덕률이라면, 굳이 그것이 사상적 가치를 지니지 않는다고 유가를 반박하죠. 도덕이란 초월적 가치를 담보해야 한다고 주장하는 묵가는 아무런 조건이나 차별 없이 세상 사람들 모두를 사랑하라고 말합니다.

### 장자가 추구한 인간상

유가와 묵가가 치열한 사상적 전쟁을 벌이는 와중에 장자는 자신만의 사상 체계를 펼쳐나갔습니다. 별애든 겸애든 간에 그 모든 사상은 근본적으로 인위적인 인간사회 제도를 기반으로 삼고 있습니다. 반면 장자는 인위적인 외적 환경에 얽매이지 않고, 온전한 자유를 누리는 인간상을 추구했습니다. 유가와 묵가의 치열한 논쟁을 바라보는 장자의 시선은 '대관절 그게 무슨 차이가 있냐!'고 반문합니다. 삶과 죽음, 즉 생사生死가 하나인데, 시비是非, 선악善惡, 미추美醜, 대소大小, 경중輕重, 냉온冷溫 사이에 뭐 대단한 차이가 있냐는 것이죠.

옳고 그르다는 시시비비의 구별도 결국 상대주의적인 것이지, 진리에 기반한 판단이 아니라는 겁니다. 한마디로 인생에 정답이 없다는 말이죠. '그럴 수 있어!'라는 한 원로 가수의 유행어가 그저 우스개로 들리지 않습니다. 타자의 언행이 마음에 들지 않는다 해도, 내 생각만 옳고 당신은 틀리다는 결론을 내리지 않고 '그럴 수 있어'라는 유보적 태도를 취하는 것이 얼마나 아름다운가요. 장자는 일찍이 다양한 가치를 존중하고 관용의 정신으로 타인과 자연 나아가 온 우주를 상대했습니다.

### 삶이 피곤한 이유

아침 세 개, 저녁 네 개의 밤에 화를 내고, 아침 네 개, 저녁 세 개의 밤에 기뻐 날뛰는 원숭이들을 조삼모사라 놀리며 조롱하지만, '나 역시 저런 치졸한 원숭이와 다를 바 없지 않나!'라는 생각에 얼굴이 붉어집니다. '내게 과연 원숭이의 행동을 놀릴 만한 자격이 있나?'라는 자괴감이 몰려옵니다. 지난 오십 년간의 제 인생은 작은 일 하나에도 시시비비를 가려 따지고, 묻고, 싸우고, 계산하고, 드잡

이하는 피곤한 삶이었습니다. 왜 진작《장자》를 정독하지 못했나 하는 아쉬움이 가득합니다.

《장자》의 첫 장을 펼치자마자 내편 소요유逍遙遊의 처음은 이렇게 시작합니다. 머릿속에 그림을 그리고, 음미하듯 천천히 한번 감상해 보시죠.

북쪽 바다에 물고기 한 마리가 살고 있는데
그 이름을 곤鯤이라 부른다.
곤은 그 크기가 몇 천 리나 되는지 모른다.
곤이 변하여 새가 되는데, 그 이름을 붕鵬이라 한다.
붕의 등짝은 몇 천 리인지 모른다.
한번 온 힘을 다해 날면,
그 날개가 마치 하늘에 구름을 드리운 것 같았다.
붕은 바다가 크게 출렁일 때 남명南冥으로 날아간다.
(중략)
붕이 남명으로 날아갈 때 물결이 삼천 리나 튀고
회오리 타고 구만 리나 날아올라
여섯 달이 되어서야 그제야 쉰다.
(중략)
매미와 텃새가 붕을 비웃으며 말했다.
"나는 작심하고 날면 느릅나무와 빗살나무까지 올라간다.
때때로 거기에 닿지 못하여 땅에 곤두박질칠 때도 있다.

그런데 붕은 무엇 때문에 구만 리나 날아 남쪽으로 간단 말인가?"
가까운 들판에 나가는 자는
두 끼만 준비하면 돌아올 때까지 배가 부를 것이다.
그러나 백 리를 가는 자는 하루 묵고 올 양식을 마련해야 하고
천 리 길을 떠나는 자는 석 달 치 양식을 준비해야 한다.
이 두 작은 짐승이 무엇을 알겠는가!
⊙ 《장자莊子》 내편 소요유逍遙遊

'어라? 이상하다. 장자는 상대주의적 관점으로 세상을 바라본다고 했는데 어찌 《장자》 첫 장부터 붕과 매미를 비교하는 걸까?'라는 의문이 들지 않나요. 장자를 오해하기 딱 좋은 구절입니다. 구만 리를 나는 대붕의 깊은 뜻을 매미나 텃새 따위가 어찌 파악하겠냐고 해석하면 말이지요. 대소를 가리지 않는다는 상대주의적 관점의 장자라면 매미나 텃새가 작다고 무시하거나 비판해서는 안 됩니다. 이 구절을 단순히 '우물 안 개구리가 되지 마라' 혹은 '당신 삶의 스케일을 대붕처럼 키우고, 매미나 텃새처럼 좀스럽게 굴지 말라'고 해석한다면, 장자의 진의를 채 절반도 건지지 못한 겁니다. 심지어 왜곡에 가까운 우를 범하는 것입니다.

이 구절을 올바로 해석하기 위한 단서를 우리는 소요유편을 더 뒤적여 찾아낼 수 있습니다.

팔백 년을 산 팽조彭祖는 지금껏 장수한 것으로 유명한데,

사람들은 모두 그와 같이 되기를 바라니,
어찌 슬픈 일이 아니겠는가!
이것이야말로 작은 것과 큰 것의 분별이라 할 것이다.

팔백 년을 산 팽조가 대붕이라면, 고작 백 년도 살지 못하는 범인凡人은 매미나 텃새겠지요. 그런데 장자는 팽조의 장수를 모든 사람들이 바라는 것이야말로 '슬픈 일'이라 평가합니다. 팽조의 장수가 절대선이라면 그렇게 평가할 수는 없겠지요. 대붕과 텃새를 선과 악 혹은 옳음是과 그름非의 구조로 받아들이지 않는다는 증거입니다.

### 번뇌에서 벗어나야

소요유편 첫 장의 핵심을 파악하려면, 곤이 붕으로 변화한다는 사실에 주목해야 합니다. 곤이나 붕이나 매미나 텃새가 중요한 게 아니고, 곤이 붕으로 변모했다는 점을 장자는 강조하고 있는 겁니다. 크기가 중요하다면, 이미 충분히 거대한 곤이 굳이 왜 붕으로 변모했을까요? 곤은 세상의 모든 억압과 구속에서 벗어나 자유自由를 만끽하고 싶었습니다. 자유, 그것이 바로 곤이 추구했던 절대 가치였습니다. 이는 세속의 잡다한 번뇌에서 벗어난 초월적 자아가 마음의 그릇을 키워나가는 과정에 초점을 맞춘 장자의 우화입니다. 장자 혹은《장자》의 편집자가 독자들과의 첫 만남에서 가장 강조하고 싶은 가치가 자유이기에, 처음에 곤과 붕의 이야기를 담아내지 않았을까 싶습니다.

여기서 하필 거대한 물고기의 이름이 곤鯤인 것은 꽤나 아이러니한 명명입니다. 곤은 본래 작디작은 물고기 알을 의미합니다. 요즘도 횟집 가면 매운탕을 먹을 때, '고니랑 이리 많이 넣어주세요!'라고 부탁하곤 하죠. 여기서 고니는 생선의 난소, 즉 알을 의미합니다. 올바른 표기로 하려면 '곤이'가 정확합니다. 곤이는 당연히 곤에서 유래했겠죠.《설문해자說文解字》에 곤은 '큰 물고기'라 되어 있지만, 후한 무렵 편집된 책이라는 관점에서 가늠해보자면,《설문해자》가 시기상《장자》의 영향을 받았을 가능성이 높습니다. 곤鯤을 사전에서 찾으면 큰 물고기란 뜻 외에 '물고기 알'이란 의미 역시 병기되어 있습니다.

"북쪽 바다에 크기가 몇 천 리에 달하는 물고기가 사는데 그 이름을 곤이라 한다"는 장자의 말을 요즘 방식으로 표현해보자면, "한강에 63빌딩만 한 물고기가 헤엄쳐 다니는데 그 이름이 '쪼꼬미'고 별명은 '미니미'야" 정도가 되겠네요. 곤이라는 명명에서부터 알 수 있듯 물고기의 크기는 장자에게 중요한 척도가 아니었습니다. 생선 알처럼 작은 존재든 크기가 수천 리에 달하는 거대한 물고기든 중요치 않습니다. 오직 자유롭게 창공을 날 수 있는지, 그 여부만이 장자의 사고를 지배하고 있습니다.

재벌 회장처럼 돈이 많아도 붕으로 변모하지 못한다면 자유로운 삶이 아니요, 밥을 빌어먹고 다녀도 붕의 날갯짓을 펄럭이며 하늘을 난다면 그는 분명 자유인입니다. 대붕의 비행은 작은 시비에 얽매이지 않는 균형 잡힌 삶입니다. 자유로운 삶과 자유인이라는 단어에서 말하는 '자유'란 과연 어떤 의미일까요? 자유의 진정한 뜻을 어떻게 새겨야 하는지 궁구해볼 필요가 있습니다. 다음 장에서 살펴보시죠.

## 필사 노트

———————————————— ❋ ————————————————
　　　　　　　　　　　　　　DATE　　　/　　　/

<small>성 인 화 지 이 시 비</small>
**聖人和之以是非**
<small>이 휴 호 천 균</small>
**而休乎天鈞**
<small>시 지 위 양 행</small>
**是之謂兩行**

성인은 시비 판단을 조화롭게 받아들여,
하늘의 균형 잡힌 이치 속에 두려 한다.
이것을 일컬어 양행이라 한다.

# 자유로운 삶,
# 자연스런 삶

백정이 문혜군文惠君을 위해 소를 잡았다.
손에 닿는 곳, 어깨를 기대는 곳, 발로 밟는 곳,
무릎이 닿는 곳마다 삭삭 소리를 냈고
칼이 지나가는 대로 쉭쉭 소리를 냈다.
소리가 전부 음악에 어울리니
상림桑林(고대 유명한 춤곡)의 춤과
경수經首(요임금이 지었다는 시가)의 음률과 들어맞았다.
문혜군은 감탄하여 말했다.
"아, 훌륭하도다!
기술이 어떻게 이런 지경에 이를 수 있단 말인가."
백정이 칼을 놓으며 답했다.
"제가 좋아하는 것은 도道입니다.

이는 기술보다 우월한 겁니다.

처음 소를 잡을 때는 눈에 그저 소만 보였습니다.

삼 년이 지나자 이제 소 전체가 보이지 않게 되었지요.

지금 저는 눈으로 소를 보는 게 아니라, 정신으로 대합니다.

감각기관이 멈추면, 정신이 움직입니다.

자연의 이치에 의존하여, 큰 틈새로 들이밀고,

큰 구멍으로 칼을 쓰면,

힘줄을 다치지 않으니

하물며 뼈야 더 말할 것이 있겠습니까.

훌륭한 백정은 해마다 칼을 바꾸는데,

힘줄을 자르기 때문입니다.

보통의 백정은 달마다 칼을 바꾸는데, 뼈를 자르기 때문입니다.

제 칼은 십구 년을 썼고, 소를 수천 마리 잡았으나

칼날은 방금 숫돌에서 갈아 나온 듯합니다.

⊙ 《장자莊子》내편 양생주養生主

지금부터는 자유自由로운 삶에서 '자유'의 의미에 대해 톺아보고 곰파보겠습니다. 사전에는 '남에게 구속받거나 무엇에 얽매이지 않는 것'이라 되어 있습니다. 자유를 파자하면 스스로 자自에 말미암을 유由입니다. 스스로 말미암은 말과 행동을 한다면, 그것이 바로 자유로운 삶이겠지요.

잠시 복습 좀 해볼까요. 타자와의 관계에 대해 먼저 말하자면,

남의 시선에 얽매이지 말고 가볍디가벼운 유목민적 관계를 맺으라고 말씀드렸던 것 기억나시죠? 자신으로부터 말미암은 언행을 할 때조차 그것이 타인에게 얽매인 것은 아닌지 진정한 자신의 심연에서 울리는 소리인지 가늠해봐야 합니다. 타인의 시선에 매여 자신에게 상을 맺어버리면 그것은 진정한 자아의 울림이 아닙니다. 오염된 거짓 자아의 울림이에요.

타인의 시선도 과감히 거부하고 자신의 진솔하고 꺾진 목소리를 들으려면, 어떻게 해야 할까요? 가급적 자연自然스레 살아가야 합니다. 억지로 발발거리며 뭔가를 이루기 위해 온갖 수단을 동원하고 남의 뒤통수쳐가며 살다가는 결코 자유로운 삶을 살 수 없습니다. 스스로 말미암은 언행을 하려면, 자신의 목소리에 귀를 기울여야 합니다.

요즘 시쳇말로 '억텐'이란 말이 있죠. 억지 텐션의 줄임말로, 흥이 나지도 않는데 눈치가 보여 억지스레 텐션을 끌어올리는 상황을 이르는 말입니다. 인생이 '억텐'이면, 결코 자신의 목소리에 집중할 수 없습니다. 화이부동和而不同이란 표현처럼 타인과 융화하되, 자신의 목소리를 지킬 줄 알아야 자유를 얻어낼 수 있답니다.


**물처럼 유연하고 겸손하게**

최고의 선善은 물과 같다.
물은 선하여 만물을 이롭게 할 뿐, 다투지 않는다.

> 물은 사람들이 싫어하는 낮은 곳에 머무니, 고로 도道에 가깝다.
> ⊙ **《도덕경道德經》**

물은 만물의 근원입니다. 다른 행성들과 달리 우리 지구에 생명체가 살 수 있는 게 모두 물 덕분입니다. 게다가 물은 자연스레 낮은 곳으로 흐르고, 가로막는 장애물도 슬쩍 피해가거나 굽이쳐 흐릅니다. 굳이 다투지 않는 것이죠. 물은 날씨가 추우면 얼기도 하고, 더우면 수증기가 되어 날아가니 이 또한 얼마나 자연스런 행보인가요. 물을 도道의 상징물로 선택한 노자의 표현은 탁월한 비유입니다. 물처럼 유연하고 겸손하게 사람을 대하며 살아가면 다툴 일도 없고 보깰 일도 없습니다.

'스트라이샌드 효과'라는 말이 있습니다. 명가수이자 배우로도 일가를 이룬 바브라 스트라이샌드의 이름에서 따온 것입니다. 할리우드에서 큰 성공을 거둔 많은 스타들처럼, 그녀 역시 캘리포니아 해변에 멋들어진 대저택을 짓고 살았습니다. 그러던 어느 날 한 사진작가가 말리부 해안의 멋진 풍광을 찍어 인터넷에 올렸는데, 여기에 그만 그녀의 저택이 포함되었던 겁니다. 스트라이샌드는 사진을 보자마자 자신의 사생활이 침해되었다며 천문학적 규모의 소송을 진행하게 되었지요. 이 소송 건이 언론에 알려지자, 무려 42만 명의 사람들이 사진이 게재된 웹사이트를 방문했고 그녀의 대저택을 살펴보았습니다. 그런데 아이러니하게도, 저택 사진 소송이 일어나기 전, 해당 웹사이트의 총 방문자 수는 고작 6명이었습니다.

스트라이샌드 효과는 온라인 혹은 사회관계망 서비스에 노출된 정보를 숨기거나 삭제하려다 도리어 더 많은 대중의 이목을 끌게 되는 역효과를 의미합니다. 잠자코 가만히 있었으면 고작 여섯 명의 시선만 받았을 텐데, 긁어 부스럼 만든 격이죠. 말리부 해변의 파도 역시 물이거늘, 스트라이샌드는 물과 가장 거리가 먼 행동으로 인해 망신살만 뻗쳤네요.

살다 보면 손해 보는 일도 생기고 부아 나는 사건도 일어납니다만, 그때마다 발끈할 게 아니라 그저 물처럼 자연스럽게 흘러가는 편이 좋습니다. 굳이 시비를 가리지 않아도, 잘못을 저지른 당사자나 주위 사람들 모두 사태를 정확히 인지하게 되는 경우가 태반입니다. 결과도 좋고 내 마음도 함함하니 그야말로 상선약수上善若水입니다.

회사를 다니든 장사를 벌이든 사업을 하든, 아무튼 생업을 이어가다 보면 부대낄 일이 반드시 생깁니다. 하다못해 선한 마음 가득히 아프리카로 자원봉사를 가도 갈등이 생기게 마련입니다. 그게 사람 사는 세상이지요. 아무리 평온하고 은혜로운 마음으로 세상사를 처리하려 해도 여러 사람이 모이면, 사달이 나게 되어 있습니다. 그럴 때마다 상선약수를 떠올려보세요. 잘못되고 부조리해도 무조건 참아 넘기라는 말이 아닙니다. 지적할 때 하고 비판할 때 하더라도 '나는 물이다'라는 마음을 먹으며 가급적 자연스러운 방식으로 처리하면 좋지 않을까요.

### 마음먹는 일이 마음대로 되지 않는다면

물론 '나는 물이다'라고 마음먹는 일이 결코 쉬운 일은 아닙니다. 마음먹는 일이 마음먹는 대로 되지 않지요. 그렇게만 된다면 얼마나 좋겠습니까. 그래서 연습이 필요한 겁니다. 문혜군과 문답을 나눈 백정처럼 말이지요.《장자》의 이 대목에서 포정해우庖丁解牛란 고사성어가 나왔습니다. 고사의 주인공 백정 역시 처음부터 소를 뼈와 뼈 사이를 가르며 물 흐르듯 자연스럽게 해체하지는 못했습니다. 하지만 끝없는 연습을 통해 해냅니다. 소를 신체 감각기관인 눈으로 바라보다가 마침내 마음으로 보는 경지에 이르게 된 거죠.

백정은 삼 년이란 수련 기간을 힘주어 얘기합니다. 신기하게도,《아웃라이어》의 저자 말콤 글래드웰이 주창하는 '1만 시간의 법칙'과 상통합니다. 삼 년이면 대략 천 일이고, 하루 10시간씩 소를 잡았다면 딱 1만 시간을 채운 셈이네요. 평균치를 훨씬 뛰어넘는 성과를 내는 아웃라이어가 되려면 적어도 만 시간 정도는 열정적으로 투자해야 한다는 것이 이른바 1만 시간의 법칙입니다.

보통 어느 분야든 자신의 생업에서 뛰어난 성취를 보이기 위해 삼 년 정도는 각고의 노력을 다합니다. 제 본업인 방송에서도 삼 년 정도는 조연출 생활을 거쳐야, 자신의 이름을 내걸고 본격적인 연출을 시작하게 됩니다. 밥을 벌어먹고 사는 분야에서는 1만 시간의 법칙을 당연하게 받아들이는 우리들이지만, 막상 마음공부에는 그만한 노력을 기울이려 하지 않아요. 그저 책 한 권 달랑 읽거나 유튜브 동영상을 서너 시간 시청하고는 상선약수의 경지에 다다르려

합니다. 오히려 마음먹는 일이 더 어려운데 말이죠.

대사마의 갈고리 모양 검을 제작하는 사람이
나이가 여든임에도 결코 실수하는 법이 없었다.
그 점이 신기해 대사마가 물었다.
"그대는 기술이 뛰어난 것인가,
아니면 무슨 도를 깨우친 것인가?"
"제가 지키는 원칙이 하나 있습니다.
저는 스무 살 때부터 갈고리 모양 검 만드는 것을 좋아하여,
사물을 볼 때 갈고리 모양 검이 아니면
자세히 들여다보지 않습니다.
무엇인가를 쓴다는 것은 쓰지 않음의 힘을 빌려야 합니다.
그리하여 오래도록 쓸 수 있습니다."
⊙ 《장자莊子》 외편 지북유知北遊

마음공부에도 적용해봄직한 문답입니다. 갈고리 모양 검을 만드는 노인이 그러했듯, 애오라지 마음공부에만 정진하고 집중해야만 마음먹는 일이 마음먹는 대로 가능하겠지요. 과감한 몰입을 강조하고 있는 겁니다. 그런데 더욱 눈길을 끄는 대목은 '무엇인가를 쓴다는 것은 쓰지 않음의 힘을 빌려야 합니다'라는 문장입니다. 잠시 원문을 음미해보시죠.

是用之者 假不用者也

고민 없이 사는 사람이 있을까요? 삶은 고민과 선택의 연속입니다. 크고 작은 고민에 휩싸여 살아가다 보면, 우리는 이 고민을 어떻게 해결할까 고민하게 됩니다. 세상사 마음먹은 대로 되는 일이 거의 없듯이 고민을 해결하려 아무리 고민해봐도 고민이 사라지는 일은 무척이나 드뭅니다. 저 역시 오십 년 인생 동안 고민을 고민해서 해결해본 적이 얼마나 있는지 되돌아보게 됩니다. 돌이켜보건대, 고민이 사라지는 경우는 대개 고민이 머릿속을 떠나는 경우입니다. 어느 순간 고민이 뇌리에서 자연스럽게 사라지고, 더 이상 고민거리로 인식되지 않을 때 비로소 고민은 고민의 지위를 잃어버리게 되는 것이지요. 고민이 떠났다는 것도 인지하지 못하는 상태야말로 진정 고민을 해결한 상황입니다.

원효 대사가 해골물을 통해 세상만사가 마음먹기 달려 있다며 일체유심조一切唯心造를 말했지만, 실은 당나라로 유학을 가기 전 그에게도 기나긴 공부와 수련의 시간이 있었습니다. 모든 공부가 그렇지만, 마음공부 역시 그저 눈으로 읽는 것보다는 손으로 쓰고 입으로 소리 내어 읽는 연습이 훨씬 효과적입니다. 제가 매 꼭지마다 '필사란'을 두고 있는 이유이기도 합니다. 마음공부를 통해 '나는 물이다'라고 생각할 수 있다면, 장자가 그토록 목 놓아 외치던 자유를 만끽할 수 있습니다. 자연의 이치에 순응하면 인생이 편안해집니다.

## 필사 노트

DATE    /    /

<sup>상 선 약 수</sup>
上善若水
<sup>수 선 리 만 물 이 부 쟁</sup>
水善利萬物而不爭
<sup>처 중 인 지 소 오   고 기 어 도</sup>
處衆人之所惡 故幾於道

최고의 선은 물과 같다.
물은 만물을 이롭게 할 뿐, 다투지 않는다.
물은 사람들이 싫어하는 낮은 곳에 머무니, 고로 도에 가깝다.

# 걱정에 치여 사는
# 당신에게

장차 상자를 열고 포대를 뒤지고
궤짝을 들추는 도둑을 막기 위해서는
반드시 새끼줄이나 노끈을 꽁꽁 묶고
빗장과 자물쇠를 단단히 잠가야 한다.
이것이 소위 세속에서 말하는 지식이다.
하지만 큰 도둑이 들면 궤짝은 등에 지고, 상자는 손에 들고,
포대는 걸쳐 메고 도망가면서
오직 새끼줄, 노끈, 빗장, 자물쇠가 단단치 않을까 걱정한다.
그렇다면, 앞서 말한 지식이라는 것이
결국 큰 도둑을 위해 재물을 쌓아둔 것이 아니겠는가.

⊙ 《**장자莊子**》 **외편 거협胠篋**

'모르는 게 약이다!'라는 표현이 있죠. 지천명에 이르니 옛말이 틀린 게 하나 없다는 생각을 종종 하게 되는데요, 그 가운데 가장 마음에 새기는 속담입니다. 살다 보니 모르는 게 약이고, 알면서도 모르는 척해야 하는 경우도 많고, 알지 않으려고 애써 노력해야 할 때도 있더군요.

셰익스피어의 비극들을 톺아보노라면, '모르고 지나갔으면, 아무 일도 일어나지 않았을 텐데…'라며 혀를 쯧쯧 차게 됩니다. 《로미오와 줄리엣》에서 로미오가 줄리엣의 거짓 죽음을 알지 못한 채 조금만 기다렸다면, 음독하여 스스로 목숨을 끊는 어리석은 짓은 벌이지 않았겠지요. 《오셀로》의 오셀로는 또 어떤가요. 자신의 아내 데스데모나가 수하 장수 캐시오와 정분이 났다는 이아고의 거짓말에 흔들려, 결국 아내를 죽이는 비극을 초래하게 됩니다. 오셀로는 자신이 무어인이라는 인종적 콤플렉스를 가지고 있었기에, 이아고의 뱀처럼 사악한 이간질에 넘어간 겁니다. 조금만 타자의 시선에 대해 둔감했더라면, 이런 끔찍한 비극은 벌어지지 않았겠지요.

### 때론 모르는 게 약이다

'모르는 게 약이다'라는 속담에서 '모른다'의 의미를 한번 짚어봐야 합니다. 여기서 '모른다'는 무식하다 혹은 정보에 취약하다는 뜻이 아닙니다. 굳이 인지해야 할 필요가 없는 감정이나 정서에 민감하게 반응하지 않고, 대범하게 넘긴다는 의미예요. 타자의 시선에 느끼는 부담감이나 스스로 위축되는 열등감 따위에 휘둘리지 않고, 뚜벅뚜벅 자신의 길을 가는 것이 바로 '모른다'의 실천입니다. 우리가 평소 걱정하는 일의 대부분은 실제로 일어나지 않고, 그 나머지는 걱정한들 해결할 수 없는 사안들입니다. 한마디로 정말 걱정할 필요가 있는 일은 채 1할도 되지 않습니다. 요컨대, 우리 현대인들은 쓸데없는 걱정에 치여 살아가고 있는 겁니다.

모르는 게 약이다라는 속담이 문자 그대로 맞아떨어진다는 사실을 여러 의사들의 입을 통해 종종 듣습니다. 의대생들이 본과 1학년에 들어서면, 해부학 실습을 한다고 하더군요. 의료 발전을 위해 자신의 몸을 희생한 숭고한 뜻을 받들어 실습을 하다 보면, 조금 놀라운 일들과 맞닥뜨리게 된다고 말합니다. "분명 칠순, 팔순을 넘기고 건강하게 살다가 노화로 돌아가신 분들인데, 실습을 하다 보면 이곳저곳에서 암이 발견되어서 깜짝 놀랐어요."

의료 실습을 위해 고귀한 희생을 택하신 분 가운데 많은 분은 자신이 암에 걸린 줄 모르고 살다가 천수를 다한 것입니다. 대부분의 의사들은 오히려 항암치료나 대수술을 겪지 않았기에 수명도 더 늘렸고 고통 없이 삶의 질을 만끽하며 생을 마감했을 것이라 판단하더군요.

모르는 게 약이다라는 명제가 참임을 증명하는 의학적 실험 결과가 하나 더 있습니다. 워낙 음식이 흔해져서 생기는 현대인의 고질병이 바로 당뇨죠. 동창 모임에 나갈 때마다, '나는 지방간이다', '나는 당뇨 전단계라 위태위태하다', '나는 고지혈증이라 벌써 약을 먹는다' 등등 앓는 소리가 여기저기서 튀어나옵니다. 특히나 당뇨병에 대한 우려와 관심이 유독 큽니다. 그럴 때마다 저는 다음의 실험 결과를 알려주며 걱정하지 말고 한잔 쭉 들이키자고 다독이죠.

미국의 저명한 의료기관인 메이요 클리닉이 내놓은 실험 결과입니다. '당뇨전단계' 진단을 받은 사람들 가운데 절반에게는 이 사실을 알려주며 조심하라 일렀고, 다른 절반에게는 알려주지 않았습니다. 결과가 어땠을까요? 십수 년 동안 추적 관찰한 결과, 놀랍게도 당뇨병 경계선상에 있다고 알려준 그룹은 대부분 당뇨에 걸려 고생하고 있었고, 알리지 않은 그룹은 오히려 대다수의 사람들이 건강하게 살고 있었습니다.

'너 조금만 방심하면 바로 당뇨병 걸린다. 먹는 것도 조심하고, 운동도 열심히 하고 아무튼 노력해!'라는 잔소리가 오히려 스트레스를 불러오고, 스트레스는 식단조절을 방해하고, 결국 당뇨병을 유발한 것이죠. 이렇듯 아이러니한 결과를 마주하고 든 생각은 역시 '모르는 게 약이다!'였습니다. 때로는 대범하게 때로는 둔감하게 넘길 줄 아는 지혜가 여러분의 삶을 구원할지도 모릅니다.


### 조금은 무심하되 의연하게

인간관계도 마찬가지입니다. 대다수의 직장인들이 가장 어려워하는 것이 바로 직장 내 인간관계입니다. 또한 가족 간의 갈등과 마찰 역시 우리네 삶을 피폐하게 만드는 원흉이지요. 일터에서나 가정에서나 우리를 지치게 만드는 인간관계 스트레스는 타인에게 뻗은 예민한 촉수를 거두어들일 때 비로소 잠잠해질 수 있습니다.

타인의 취향이나 관심사에 귀를 기울일 필요는 있지만, 타인의 감정 발산까지 책임질 필요는 없습니다. 타인의 분노나 격앙된 감정에 부화뇌동할 필요가 없다는 말이죠. 분노와 같은 비이성적 감정은 주변 사람들의 즉각적인 반응을 연료 삼아 더욱 거세게 타오르기 마련입니다. 누군가 화를 낸다면, 평정심을 유지하고 각자 할 일을 하는 것이 오히려 긍정적인 결과를 가져옵니다.

독이 될지도 모르는 민감한 촉수보다는 넓은 시야로 유유자적 내딛는 발걸음이 인생을 편안하게 만듭니다. 아무리 튼튼하고 보안이 완벽한 금고를 만들어봐야, 금고째 들고 가는 도둑을 막을 수는 없습니다. '새끼줄이나 노끈을 꽁꽁 묶고 빗장과 자물쇠를 단단히 잠그는' 행동은 결국 작은 지식에 얽매인 채 타인의 감정에 휘둘리는 하수의 대처일 뿐입니다. 타인과 화합하되 자신의 중심을 꼿꼿이 지켜낸 춘추전국시대 명재상 안영晏嬰의 모습을 공자는 '화이부동和而不同'이라 표현하며 상찬했습니다. 화이부동은 화합하되 부화뇌동하지 않는다는 뜻이죠.


주여!
제게 바꿀 수 없는 것들을 받아들일 수 있는 평온을 주시고,

제가 바꿀 수 있는 것들을 변화시킬 수 있는 용기를 주시옵소서.
그리고 그 둘을 구분할 수 있는 분별력과 지혜를 주소서.

미국의 신학자 라인홀트 니부어의 기도문으로 유명한 문구죠. 평온과 용기와 지혜, 이 세 가지를 두루 갖춘 사람이라면 거의 성인의 경지가 아닐까요. 그중 하나라도 갖추면, 현자賢者라는 칭호를 받을 겁니다. 세 가지 가운데 가장 탐나는 덕목이자 동시에 손에 잡힐 듯 가시권에 있는 미덕이 바로 첫 번째 '바꿀 수 없는 것들을 받아들일 수 있는 평온'입니다. 이것 하나만 갖춰도 행복한 인생을 살아갈 수 있습니다.

이 평온이야말로 화이부동의 자세와 상통하는 미덕이기도 합니다. 타인의 바꿀 수 없는 것을 받아들이는 넉넉한 마음이 바로 화합의 자세요, 나의 바꿀 수 없는 것을 인정하며 중심을 잡아가는 강인한 마음가짐이 바로 부화뇌동하지는 않는 태도입니다. 타인의 마음을 들여다보는 관용에 더불어 자신의 마음에도 귀 기울이는 사랑이 더해지면, 그야말로 화이부동을 제대로 실천할 수 있습니다.

사람들이 자신의 눈 밝음으로 내면을 관조하게 되면,
세상은 혼란스럽지 않게 된다.
사람들이 자신의 귀 밝음으로 내면의 소리에 귀 기울이게 되면,
세상의 우환은 사라진다.

사람들이 자신의 지혜를 안으로 간직하면,
세상은 현혹되지 않게 된다.
사람들이 자신의 덕성을 내면에 지니게 되면,
어느 한쪽으로 편벽되지 않는다.

⊙ 《장자莊子》 외편 거협胠篋

살다 보면 누군가와 충돌할 때도 있고, 다툼이 벌어질 때도 있습니다. '타인은 지옥이다!'라는 장 폴 사르트르의 말을 굳이 언급하지 않더라도, 인간관계는 쉽지 않습니다. 그럴 때마다 시선을 외부로 돌리고 상대와 맞추는 데 급급하다면, 하수의 방책입니다. 물론, 가족이나 동료 등 내 주변의 사람들과 어우렁더우렁 지내는 것은 기본입니다. 하지만 여기서 멈추면 결국 화이부동의 화和 단계에서 벗어나지 못해요. 세심한 배려와 너른 도량으로 주변 사람들을 감싸고 이해하는 것을 넘어서, 자신의 줏대를 꼿꼿이 지켜나갈 때 비로소 화이부동의 경지에 다다릅니다.

화이부동을 생각하면, 저는 늘 후배 J가 떠오릅니다. 후배 J는 부당한 회사의 압력이나 선배들의 잘못을 준엄하게, 하지만 나긋나긋한 목소리로 따집니다. 그런데 같은 부서의 누구도 그 대쪽 같은 후배를 싫어하지 않습니다. 오히려 많은 선후배들이 난관에 봉착할 때마다, 제일 먼저 찾는 이가 바로 J입니다. 그것은 J가 평소에는 누구보다 '화和'의 자세를 취하다가, 부서 내 문제가 발생하면 '부동不同'의 태도를 견지하며 당당하게 해결하기 때문입니다. 후배 J와 술

한잔 기울이며 깊이 있는 대화를 나눠본 결과, 그는 자신의 내면을 관조하고 자신의 마음이 내뱉는 소리에 귀 기울일 줄 아는 사람이었습니다. 그 결과 편벽되지 않고 세상에 현혹되지 않는 뚝심을 지니게 된 것이겠죠.

한국인들 대부분은 타인과 어우렁더우렁 지내는 것에는 꽤나 익숙합니다. 그리 난이도가 높지 않은 과제죠. 오히려 부화뇌동하지 않고 자신의 심지를 굳건히 지켜내는 일이 더 어렵습니다. 이때 필요한 덕목이 바로 자신의 마음에 귀 기울이고, 타인에게 뻗어 있는 촉수를 거두며 조금은 무심하게 대처하는 의연한 자세입니다. 우리가 겪는 대부분의 갈등은 시간이 지나면 사라져버리기 마련입니다. 조금만 의젓하게 시간을 두고 기다리면 자연스레 해결될 문제를 기어이 긁어 부스럼으로 만들어버린다면, 참으로 안타까운 일입니다.


### 한 박자 쉬는 여유의 필요성

방송을 만드는 일이라는 게 기본적으로 촌각을 다툽니다. 생방송에서 5초 이상 말을 안 하면 방송 사고로 치부되지요. 섭외 전쟁도 마찬가지입니다. 대체로 '방송국놈들'의 천성은 성마르고 조급하며, 그야말로 조변석개朝變夕改의 화신들입니다. 저 역시나 전형적인 '방송국놈들'이었지만, 요즘은 프로그램을 제작할 때 조금은 무심하려고 노력합니다. 여전히 프로그램에 촉을 세우고 어떤 인물을 섭외해야 할까 혹은 어떤 구성을 하는 게 좋을까 치열하게 고민하지만, 적어도 함께 일하는 제작진들에게는 티를 내지 않습니다. 프로그램의 수장이 방방 날뛰는 것보다는 무게중심을 잡고 묵묵히 버텨주는 편이 효율적이라는 경험칙을 얻게 되었지요. 어느 날 게스트가 사정이 생겨 갑자기 출연이 어렵다는 연락을 해 와도 하루나 이틀 정도 기다립니다. 그러면 조정이 되었다며 다시 출연하겠다는 소식을 알리기도 합니다. 급하게 서둘지 않았기에 도리어 방송 일정을 원만하게 조율할 수 있는 것이죠.

기성자紀渻子가 왕을 위해 싸움닭을 훈련하고 있었다.
열흘이 지나자 왕이 물었다.
"닭이 이제는 싸울 만한가?"
기성자가 답했다.
"아직 안 됩니다.
닭이 교만하여 공연이 허세만 부리고 제 기운만 믿고 있습니다."
다시 열흘이 지나 왕이 묻자, 기성자가 답했다.
"아직 안 됩니다.
닭이 다른 닭의 울음소리를 듣거나 그림자만 보아도 달려듭니다."
다시 열흘이 지나 왕이 묻자, 기성자가 답했다.
"아직도 안 됩니다.
닭이 다른 닭의 모습을 보면 노려보며 불같이 성을 냅니다."
다시 열흘 후 왕이 묻자, 기성자가 답했다.
"이제 됐습니다.

다른 닭이 아무리 울어대고 싸움을 걸어도
태도에 변화가 없습니다.
멀리서 보면 마치 '나무로 만든 닭木鷄'과 같습니다.
비로소 덕德이 완전해졌습니다.
이제 다른 닭들은 감히 대응도 못 하며,
오히려 도망치고 말 겁니다."

⊙ 《장자莊子》 외편 달생達生


'겁먹은 개가 짖는다'는 속담이 있죠. 사회생활하다 보면 유독 공격적이고 부산한 사람들을 마주하게 되는데요, 사실 그들 대부분은 겁에 질려 있기 때문에 그런 행동양태를 보이는 겁니다. 자신감 넘치는 강자는 오히려 차분한 태도를 견지합니다. 외부의 자극에 쉬이 흔들리지 않고, 자신의 내면에서 우러나오는 목소리에 귀 기울일 줄 아는 태도는 우리의 삶을 튼튼하게 만들어주죠.

조금은 둔감하게, 애써 모르고 살아가려는 자세야말로 우리의 삶을 윤택하게 만듭니다. 온 신경을 곤두세우고 온갖 정보를 쓸어 담는 행위가 결국 큰 도둑이 물건을 훔쳐 가기 쉽게 끈을 묶고 자물쇠로 잠그는 어리석은 짓일지도 모르니까요. 우리 모두 너무 많이 알아 슬픈 짐승이 되지 말고, 저 목계의 덕을 배워 행복을 누렸으면 좋겠습니다.

## 필사 노트

DATE    /    /

<sub>피 인 함 기 명</sub>
彼人含其明
<sub>즉 천 하 불 삭 의</sub>
則天下不鑠矣
<sub>인 함 기 총</sub>
人含其聰
<sub>즉 천 하 불 루 의</sub>
則天下不累矣
<sub>인 함 기 지</sub>
人含其知
<sub>즉 천 하 불 혹 의</sub>
則天下不惑矣
<sub>인 함 기 덕</sub>
人含其德
<sub>즉 천 하 불 벽 의</sub>
則天下不僻矣

사람들이 자신의 눈 밝음으로 내면을 관조하게 되면,
세상은 혼란스럽지 않게 된다.
사람들이 자신의 귀 밝음으로 내면의 소리에 귀 기울이게 되면,
세상의 우환은 사라진다.
사람들이 자신의 지혜를 안으로 간직하면,
세상은 현혹되지 않게 된다.
사람들이 자신의 덕성을 내면에 지니게 되면,
어느 한쪽으로 편벽되지 않는다.

# 문제를 인식하는 것이
# 문제를 해결하는 것이다

혜시가 장자에게 말했다.
"위나라 왕이 내게 큰 박씨를 보내주었는데,
그것을 심었더니 자라서
다섯 섬을 담아낼 정도로 큰 박이 열렸다네.
마실 물을 담아보니 너무 무거워 들 수조차 없었다네.
그래서 박을 쪼개 바가지를 만들었더니
납작하고 평평하여 아무것도 담을 수가 없었다네.
괜히 크기만 하고 쓸모가 없기에 부숴버렸다네."
장자가 말했다.
"자네는 큰 것을 쓰는 방법이 서툴군.
송나라 사람 가운데
손이 트지 않는 약을 잘 만드는 사람이 있었다네.

그 사람은 대대로 솜을 물에 빠는 일을 했지.

한 손님이 그 이야기를 듣고는

손이 트지 않는 약 제조 비법을 비싸게 사겠다고 제안했지.

그 송나라 사람은 가족을 모아놓고 상의했다네.

'지금까지 우리는 대대로 솜을 빠는 일을 생업으로 하고 있지만,

겨우 푼돈을 벌었다.

그런데 지금 그 비법을 팔면 하루아침에 거부가 될 수 있으니,

비법을 내주자.'

비법을 얻은 손님은 오나라로 가서

왕에게 이 약을 쓰라고 설득했지.

마침 월나라가 오나라를 침범해 오는 바람에

오나라 왕은 그를 장수에 임명했네.

장수는 겨울에 월나라 병사들과 수전을 벌여 크게 승리했고,

결국 오나라 봉토를 받았다네.

손이 트지 않는 약을 제조하는 비법은 같았지만,

어떤 이는 그것으로 봉토를 받고

어떤 이는 그것으로 솜 빠는 일에서 벗어나지 못했다네.

이것은 그 비법을 어디에 쓰느냐가 달랐기 때문이라네.

지금 자네에게 다섯 섬들이 큰 박이 있다면,

어찌하여 그것으로 큰 배를 만들어

강호에 띄워둘 생각은 하지 않는가.

그러면서 그것이 납작하고 평평하여

아무것도 담을 수 없다고 걱정했으니,

자네는 작고 꼬불꼬불한 쑥처럼

옹졸한 마음을 가지고 있는 모양일세."

⊙ 《장자莊子》 내편 소요유逍遙遊


중국 최고의 시인으로 일컬어지는 소동파蘇東坡는, 원래 그 정체성을 따지자면 정치인입니다. 본명은 소식蘇軾이고, 스물두 살이라는 어린 나이에 과거에 급제해 이름을 떨쳤지요. 차석으로 급제했는데, 여기에는 사연이 있다는 야사가 전해집니다. 당시 과거의 시험관이던 구양수歐陽修가 소동파의 답안을 읽어보고는 자신의 애제자가 쓴 것이라 확신했습니다. 그만큼 자신의 생각과 맞아떨어진 답안이었던 것이죠. 자신의 제자에게 장원을 주었다가는 세인들의 지탄을 받을까 두려워진 구양수는 결국 소동파에게 차석 자리를 주었습니다. 설사 이 야사가 진실이 아니라 해도, 소동파의 실력이 얼마나 뛰어났으면 이런 이야기가 항간에 떠돌았을까요. 소동파의 탁월한 학식과 문장을 방증하는 얘기지요.

이렇듯 학문이 뛰어난 소동파였지만, 왕안석王安石의 신법당에게 찍히고 구법당에게도 눈에 나 불우한 관직생활을 이어가고 귀양을 밥 먹듯 다녀야 했습니다. 태조 조광윤趙匡胤의 문치 정책으로 인해 군사력이 저하된 송나라는 서하西夏를 비롯한 주변 국가들에게 조공을 바쳐야만 했고, 그로 인해 국가 재정은 나날이 쇠

퇴해갔습니다. 이에 왕안석은 균수법均輸法, 청묘법靑苗法 등 개혁안을 주창하며 국력을 발전시키려 노력했습니다. 흔히 소동파를 왕안석의 신법 운동에 반대한 구법당으로 분류하지만, 엄밀히 말하자면 소동파는 신법당이든 구법당이든 권력 장악에 눈이 벌건 세력들을 모두 백안시한 만고의 충신이었습니다. 특히나 소동파는 목민관으로서 탁월한 선정을 베풀어 백성들의 사랑을 한 몸에 받았습니다.

임안臨安(지금의 항저우 지방)에 부임해서는 홍수를 방지하기 위해 제방을 쌓기도 하고, 백성들의 먹거리를 걱정해 특유의 조리법을 개발하기도 했습니다. 항저우의 랜드마크이자 세계적 명성을 지닌 담수호 서호西湖에 가면 소동파가 쌓은 제방, 즉 소제蘇堤를 볼 수 있고, 식당에 들리면 돼지고기를 푹 졸여서 만든 동파육東坡肉을 맛볼 수 있습니다. 당시 돼지고기는 비교적 값이 저렴했는데, 부자들은 거들떠보지 않고 가난한 사람들은 그 조리법을 몰라 먹지를 않자, 소동파가 조리법을 개발해낸 것이지요.


### 제아무리 학식이 뛰어나도

한유韓愈, 유종원柳宗元, 구양수 등과 더불어 당송팔대가唐宋八大家라 불리는 중국 최고의 시인 소동파였지만, 그의 생애는 그다지 화려하지 않았습니다. 오히려 남루했다고 보는 편이 맞겠네요. 〈적벽부赤壁賦〉를 비롯한 그의 위대한 시가 후대에 남아 그의 문명文名을 드높이고 있지만, 현실에선 늘 좌충우돌하며 지방관으로 떠돌거나 귀양지로 쫓겨 다니기 일쑤였지요. 유배생활 중 소동파는 자신의 신세를 한탄하며 절창을 한 편 남깁니다.

> 사람들은 모두 자식을 기르면서 총명하길 바라지만
> 나는 총명했기에 일생을 망쳤다
> 그저 우리 아이가 어리석고 미련하여
> 아무런 재앙도 아무런 어려움도 없이,
> 공경대부에 이르기를 바랄 뿐이라네
> ⊙ 〈**세아희작**洗兒戲作〉

마흔일곱 늦은 나이에 넷째 아들 소둔蘇遁을 얻고서 남긴 이 시의 제목 〈세아희작〉을 풀이하자면, '아이를 씻기며 장난 삼아 짓는 시'라는 의미입니다. 유배당해 이리저리 옮겨 다니며 심신이 피폐해진 소동파가 짐짓 농담이라 둘러대며 자신의 진심을 격정적으로 토로한 시입니다. 과거에 차석 한 것을 두고도 뭔가 사연이 있어 수석을 못한 것이라 세인들이 수군거릴 만큼 희대의 천재인 자신이 기껏 한직이나 전전하다 귀양살이를 하게 되었으니, 그의 마음이 얼마나 처량했을지 미루어 짐작이 갑니다.

'어리석고愚 노둔해야만魯 무탈하게 재상의 반열에 오를 수 있다'는 위 시 구절은, 권력을 쥐기 위해 물불을 가리지 않고 덤벼대는 간신들을 우회적으로 비판하고 있습니다. 권력자의 명이라면 합리적 판단을 스스로 거세하고 마치 바보처럼 무비판적으로 받아들여야 한다는 말이기도 하지요. 백성을 생각하고 국가를 염려하는 이성적 판단은 개나 줘버리라는 막무가내 정신을 비아냥댄 것이기도 합니다. 유배지에서 얻은 자식을 씻기던 소동파의 마음속에는 노자의 《도덕경》 한 구절이 스쳐지나가지 않았을까, 상상해봅니다.

> 가장 완전한 것은 모자란 듯하나, 그 쓰임은 끊어짐이 없다.
> 가장 충만한 것은 비어 있는 듯하나, 그 쓰임은 다함이 없다.
> 가장 곧은 것은 굽은 듯하고
> 가장 뛰어난 것은 졸렬한 듯하며
> 가장 유창한 웅변은 어눌한 듯하다.
> ⊙ 《도덕경道德經》 45장

### 헛똑똑이가 되지 않으려면

라디오 프로듀서란 직업 덕분에 저는 대한민국에서 말로는 누구에게도 뒤지지 않는다 싶은 진행자들을 여럿 만나봤습니다. 편집도 없고 자막도 없는 라디오 생방송의 제약 때문에, 라디오 디제이는 텔레비전 진행자보다 말솜씨가 더 뛰어나야 합니다. 돌발 상황에 대처하는 순발력과 청취자들의 문자를 재치 있게 받아치는 위트도 갖춰야 하지요. 그런데 제 경험칙을 바탕으로 추려보건대, 수십 년간 장수한 라디오 디제이들에게는 공통점이 하나 있었습니다. 순발력과 재치는 기본으로 갖추되, 그에 더해 그들은 자신을 낮출 줄 아는 자세를 지니고 있었습니다.

프로그램을 찾아온 게스트에게는 물론이요 청취자에게도 기꺼이 놀림감이 되기를 주저하지 않습니다. 자신의 허물을 스스럼없이 드러내고, 모르면 모르는 대로 소탈하게 방송을 했지요. 절대 잘난 체를 하지 않았습니다. 도리어 알아도 짐짓 모르는 척하는 경우가 더 많았습니다. 반면, 아무리 달변이어도 단명한 진행자들의 특징 또한 명확합니다. 우선 자신의 치부를 드러내길 싫어하며 모르는 것도 마치 아는 것인 양 제작진이 포장해주길 바라더군요. 청취자와 게스트에게 놀림감이 되기를 싫어하고 그저 멋진 모습만 보여주길 원했습니다.

장수하는 디제이가 갖춘 또 하나의 덕목은 경청傾聽입니다. 경청의 경傾은 '기울어지다'라는 뜻을 가진 한자입니다. 하여 경청은 자신의 몸을 상대방에게 기울여 겸손한 자세로 듣는다는 뜻이지요. 장수 디제이들은 제작진의 충고도 경청하고, 청취자의 지적도 기꺼이 경청합니다. 반면, 단명 디제이들은 청취자의 충고조차 받아들이질 못합니다. 방송의 주인이 청취자인데 그들의 의견조차 포용하지 못하고 오히려 화를 내고 정색을 합니다. 믿기 어렵겠지만, 청취자와 싸우려 드는 디제이를 말리느라 곤욕을 치른 적도 두어 차례 있습니다.

자신을 한껏 낮추고 늘 청취자와 제작진의 언사를 경청하면서 수십 년간 마이크를 지켜온 디제이들과 일할 때면, 언제나 노자의 《도덕경》 45장이 떠올랐습니다.

大巧若拙
大辯若訥
가장 뛰어난 것은 졸렬한 듯하며
가장 유창한 웅변은 어눌한 듯하다

온에어 불이 들어오면 유쾌한 수다가 쏟아졌지만, 스튜디오 밖으로 나온 그들의 입은 늘 겸손했고 귀는 항상 열려 있었으니 그야말로 가장 유창한 웅변이 어떠한 것인지 몸소 체감할 수 있었습니다.

소동파가 《도덕경》 45장에 심취해 있었음을 증명하는 문헌이 또 하나 있습니다. 자신의 시험관이던 구양수가 은퇴할 때, 소동파가 남긴 글이 바로 그것이지요. '구양수 스승의 은퇴를 치하하며 바칩니다'라는 제목의 글을 원문과 더불어 살펴볼게요.

大勇若怯
大智如愚
至貴無軒冕而榮
至仁不導引而壽

가장 용감한 자는 마치 두려운 듯하고
가장 지혜로운 자는 마치 어리석은 듯하다.
지극히 존귀한 자는 높은 자리에 있지 않아도 영광을 누리고
지극히 어진 자는 도가道家의 양생법을 따르지 않아도 장수한다.

⊙ 〈하구양소사치사계賀歐陽少師致仕啓〉

소동파의 표현인 '대지여우大智如愚' 역시 《도덕경》 45장과 일맥상통합니다. '큰 지혜는 어리석음과 같다'는 뜻이죠. 흔히 '헛똑똑이'란 표현을 쓰죠. 조금 알고 있으면서 잘난 체하는 사람을 이르는 말입니다. 정말 똑똑한 사람들은 오히려 자신의 지식이나 지혜를 감추죠. 〈하구양소사치사계〉는 어쩌면 소동파 자신이 '헛똑똑이'였음을 고백하는 글인지도 모릅니다.

### 참된 지혜로움이란

그렇다면 '헛똑똑이'를 뛰어넘는 진정한 지혜로움이란 무엇일까요? 잠시 바둑 얘기를 들려드릴게요. 바둑에는 사활死活 문제라는 것이 있습니다. 말 그대로 바둑에서 돌이 죽고 사는 문제를 말합니다. 내가 먼저 돌을 두어 상대방 대마를 잡거나, 반대로 빈사 직전에 몰린 나의 말을 살리는 겁니다. 흑선백사, 다시 말해 흑이 먼저 두면 백이 죽는다. 백선흑사, 즉 백이 먼저 두면 흑이 죽는다. 이렇

게 사활 문제에는 '흑백 가운데 누가 두어 어떤 결과를 낳는다!'고 명기되어 있습니다.

사활 문제를 접하게 되면 보통 자신의 기력棋力보다 조금 더 좋은 결과를 냅니다. 왜 그럴까요? 자신이 접한 배석이 사활 문제임을 이미 알고 있기 때문입니다. 실전에서 똑같은 모양을 마주한다면, 제대로 풀어내지 못할 확률이 큽니다. 왜냐하면 실전에서는 내게 주어진 배석이 사활 문제인지 아닌지 알 수 없기 때문에, 그냥 스쳐 지나가 다른 곳에 한 수를 둘지도 모르고, 설사 뭔가 사활이 걸렸다고 판단하더라도 문제로 나온 것이 아니기에 대마를 잡을 수 있을지 확신이 들지 않습니다. 그러니 같은 모양이더라도 사활 문제에서보다는 실전이 훨씬 어려운 셈이지요.

나이 오십까지 살다 보니, 우리네 삶에서 가장 중요한 것은 무엇보다 문제를 파악하고 인식하는 것이더군요. 사활 문제라고 주어지면 자신의 기력보다 몇 수 위의 실력을 발휘하는 것을 보면, 문제를 문제라 인식하는 것이 해결의 단초를 마련해준다는 사실을 알 수 있습니다. 아니, 조금 거칠게 말하자면 문제를 인식하는 것만으로 대부분의 문제가 해결되더군요. 하여 '헛똑똑이'에서 벗어나 진정한 지혜를 갖춘 자들은 문제를 제대로 파악할 줄 압니다. 문제를 문제라 인식하고 받아들이는 것이야말로 참된 지혜로움의 요체이지요.

혜시에게 만약 누군가가 '거대한 배를 만들려고 하는데, 어떤 재료를 써야 할까?'라고 물었다면, 그 역시 자신이 심은 다섯 섬들이 큰 박을 사용하자고 답했을 겁니다. 하지만 우리 인생에는 이렇게 흑선백사와 같은 친절한 가이드가 없습니다. 대체로 우리들은 혜시와 같이 박의 일상적인 쓰임에 함몰되어, 창의적인 대안을 내놓지 못할 겁니다.

영어에 'think out of the box'란 표현이 있지요. 독창적으로 생각하라 혹은 창의적으로 생각하라는 뜻인데요, 주어진 틀 안에 갇혀 주입받은 대로 생각하지 말라는 주문이에요. 무엇이 문제인지 파악하는 능력과 주어진 틀 안에서 함몰되지 않는 시야를 갖추었을 때, 비로소 '손이 트지 않는 약을 만드는 비법'으로 큰일을 이뤄낼 수 있는 겁니다.

그런데 무엇이 문제인지 파악하는 가장 효율적인 방법은 무엇일까요? 바로 앞서 강조한 경청입니다. 주위 사람들의 말을 귀 기울여 잘 들어야 문제가 발생했을 때, 바로바로 인지할 수 있습니다. 유창한 달변가보다는 경청할 줄 아는 자들이 정말 지혜로운 사람입니다. 선배의 말은 물론이요 후배의 의견에도 아니, 후배일수록 그의 말에 더 귀 기울일 줄 알아야 합니다.

혜시와의 대화에서 장자는 손이 트지 않는 약을 제조하는 비법으로 큰 성취를 이뤄낸 인물을 내세워, 세상을 바라보는 시야를 넓히라고 강조하고 있습니다. 하지만 비단 성취의 문제만은 아닙니다. 대변약눌大辯若訥의 자세로 경청할 줄 알면, 분명 주변에 사람들이 끊이지 않을 겁니다. 경청이야말로 어쩌면 삶을 살아가는 가장 큰 지혜가 아닌가 싶네요. 소동파가 자신의 시 〈세아희작〉에서 말하는 어리석음 역시 바로 이 경청을 말하는 것은 아닐까요.

# 필사 노트

DATE    /    /

<sup>대 성 약 결</sup> <sup>기 용 불 폐</sup>
大成若缺 其用不弊
<sup>대 영 약 충</sup> <sup>기 용 불 궁</sup>
大盈若冲 其用不窮
<sup>대 직 약 굴</sup>
大直若屈
<sup>대 교 약 졸</sup>
大巧若拙
<sup>대 변 약 눌</sup>
大辯若訥

가장 완전한 것은 모자란 듯하나, 그 쓰임은 끊어짐이 없다.
가장 충만한 것은 비어 있는 듯하나, 그 쓰임은 다함이 없다.
가장 곧은 것은 굽은 듯하고
가장 뛰어난 것은 졸렬한 듯하며
가장 유창한 웅변은 어눌한 듯하다.

# 내 삶의 주인공은
# 누구인가

요임금이 천하를 허유許由에게 물려주고자 말했다.
"해와 달이 이미 나왔는데 횃불이 꺼지지 않고 있다면,
그것이 빛이 되기에 또한 어렵지 않겠습니까.
때마침 비가 내리는데 논밭에 물을 준다면,
그것이 땅을 적시는데 헛수고가 되지 않겠습니까.
선생께서 천하를 다스리는 자리에 오른다면
천하가 잘 다스려질 텐데,
아직도 제가 자리를 지키고 있으니
스스로 부족하고 부끄럽습니다.
청컨대, 천하를 다스려주시기 바랍니다."
허유가 답했다.
"그대가 천하를 다스려 이미 잘 다스려지고 있는데,

내가 그대를 대신한다면

나는 명성을 추구하는 것이 될 뿐입니다.

이름이란 것은 실질에 비하자면 손님에 불과한데,

내가 굳이 손님이 되고자 하겠습니까!

뱁새가 깊은 숲속에 둥지를 틀 때 가지 하나면 족하고,

두더지가 강물을 마실 때도 배를 채울 만큼만 마시면 족합니다.

돌아가 쉬십시오, 임금이시여!

천하가 내게 무슨 소용이 있겠습니까!

요리사가 서툴러도 제관祭官이 제사상을 넘어가

그를 대신하지는 않습니다.”

⊙ 《장자莊子》 내편 소요유逍遙遊

《논어》나 《맹자》를 읽으면, 나와 타인과의 관계에 대해 생각하게 됩니다. 반면 《장자》나 《도덕경》을 반복해서 읽으면, 자연스레 '나는 누구인가!'라는 질문에 집중하게 되고 그 물음이 마음속으로 시나브로 스며들게 되더군요. 나의 정체성과 나의 마음이 향하는 곳에 집중하는 삶이야말로 장자가 그토록 목 놓아 주창하던 무위자연無爲自然의 실천입니다.

자유의지로 대학의 학과를 정하고, 자유의지로 어느 회사에 입사할지 정하고, 자유의지로 누군가와 백년가약을 맺고, 자유의지로 자식을 낳고, 자유의지로 은퇴 시기를 결정하고, 자유의지로 노년을 보내다 세상을 떠나는 것이 우리네 삶이라고 누군가 말한

· 167

다면, 그 사람은 장자와 어깨를 나란히 할 수 있는 성인聖人이거나 혹은 거짓말쟁이 혹은 무지몽매한 사람일 겁니다. 우리의 삶은 자유의지로 이루어질 수 없습니다. 다만, 자유의지로 이루어지길 바랄 뿐이죠. 내 삶의 주인공이 될 수 있는 사람은 생각보다 많지 않아요.

우리가 흔히 사용하는 단어 가운데, 불교용어가 꽤나 많습니다. 야단법석野壇法席이 대표적인 예죠. 야외에서 펼쳐진 법회나 설법 강좌를 의미하는 야단법석이 몹시 소란스러운 상황이란 뜻으로 쓰이고 있죠. 도저히 벗어나기 힘든 절망적인 형편을 일컫는 나락奈落이란 어휘 역시 본디 불교용어로 사람이 나쁜 짓을 많이 범할 경우 죽어서 간다는 상상의 세계를 일컫는 말입니다. 현관문玄關門이 본디 불교용어였다고 말하면, 대부분 믿지 않습니다. 아파트 현관문, 빌딩의 현관문 등등 일상에서 흔히 사용하는 건축용어지만, 불교 사찰의 입구를 뜻하는 말로 현묘玄妙한 도道로 들어가는 장소를 뜻합니다. 그런데 우리가 흔히 사용하는 표현 가운데 불교용어라고 감히 상상하기조차 어려운 말이 있으니, 그것은 바로 '주인공主人公'입니다.

### 이름이란 손님에 불과한 것

믿기 어렵겠지만, 주인공은 불교에서 '도를 깨우친 사람'이란 의미로 먼저 사용했습니다. 지금이야 소설이나 연극, 영화 속에서 사건의 중심이 되는 인물이란 의미로 사용하지만, 원래 득도한 사람을 뜻하는 말이라고 합니다. 주인공의 참된 의미를 알고 나니, 저역시 뭔가 깨달음이 찾아왔습니다. 주인공의 의미를 알기 전에는 '내 삶의 주인이 되지도 못한 주제에 무슨 득도를 논하나!'라고 생각했지만, 거꾸로 불교적 관점에서 바라보건대 '도를 깨우친 사람만이 내 삶의 주인공이 될 수 있구나!'라는 결론에 이르게 되었지요. '내가 내 삶의 주인공이 되지 못한 것이 그리 부끄러운 일이 아니구나! 어쩌면 범인에게는 당연한 결과구나!' 스스로를 위안하니 마음이 조금은 편안해지더군요.

고백하건대, 나이 오십이 다 되도록 저는 단 한 순간도 제 삶의 주인공이었던 적이 없습니다. 주인공은커녕 조연도 아니고 기껏해야 단역 정도였던 것 같네요. 저는 저에게 주어진 이름에 늘 충실했습니다. 누군가의 아들, 어느 학교의 학생, 어느 방송국의 프로듀서, 누군가의 남편, 다시 누군가의 아버지…. 저는 언제나 착한 아들, 모범생, 프로그램 잘 만드는 피디, 자상한 남편, 좋은 아빠라는 말을 들었고, 그 만족감으로 행복하게 살았습니다. 하지만 돌이켜보건대 저는 한 순간도 주인공이 아니었습니다. 그저 이름의 무게에 짓눌려 남들에게 욕먹지 않고, 남들이 칭찬할 만한 일만 하며 마치 성실한 노예처럼 꾸역꾸역 살아왔습니다.

허유가 말하듯 '이름이란 실질에 비하자면 손님에 불과한 것'이거늘 저는 늘 마음속 주인이 아닌 손님의 비위를 맞추며 살아온 것입니다. 학교에서 공부를 열심히 하고, 부모님에게 효도하고, 회사에서 열정적으로 일하고, 좋은 가장이 되는 것이 결코 바람직하지 않다는 말을 하는 게 아닙니다. 훌륭한 일이죠. 누구에게나 권장할 만합니다. 다만, 겉으로 보기에 똑같은 행동을 하더라도 그 동기가 '주인의식'으로 가득 차 있었느냐가 핵심 관건입니다. 손님이 되어 수동적으로 억지스레 꾸역꾸역 수행해왔다면, 지금이라도 자기 자신을 한번 돌아봐야 합니다.

공자는 나이 오십이 되면 천명天命을 안다고 해서, 지천명知天命이라 일컬었습니다. 오십이 되기 전에는 그저 '공자처럼 성인聖人 반열에 오른 사람들만이 천명을 깨닫겠구나!'라고 생각했습니다. 지천명은 저와 같은 범부凡夫에게 어울리는 정의가 아니라고 생각한 것이죠. 하지만 오십에 다다른 저는 드디어 깨달음을 얻었습니다.

'천명이란 게, 별거 아니구나! 나에게 주어진 삶을 내가 주인공이 되어 살아가야 한다는 깨우침이 곧 천명이구나!'

### 중요한 것은 내 행동의 동기

《장자》는 도척편에서 유독 역사적으로 명성을 날린 인물들을 신랄하게 비판합니다. 도척편은 천하의 대도 도척이 공자를 맞닥뜨리고는 꾸짖는 내용으로 구성되어 있습니다. 장자와 혜시의 대화, 안회와 공자의 대화와는 달리 도척과 공자의 만남은 가상입니다. 공자는 대략 기원전 6세기에 태어난 것으로 기록이 남아 있지만, 도척의 정확한 생몰연도는 찾아볼 수 없습니다. 다만, 도척의 개가 요堯임금을 향해 짖었다는 기록이 남아 있는 것으로 추정컨대, 공자보다 십수 세기 이전 인물로 생각할 수 있습니다. 현실에서 도척과 공자는 도저히 대면할 수 없는 관계이지만, 마치 단테의 《신곡神曲》에서 수많은 영웅과 철학자와 시인들이 시공간을 뛰어넘어 만나듯 조우하게 된 것이죠.

《장자》 잡편은 장자의 제자나 후학들이 편찬한 것으로 스승의 사상을 더욱 돋보이게 하려고 유가를 희생양으로 삼았을 가능성이 농후합니다. 장자 본인의 저작으로 알려진 《장자》 내편에서는 공자와 안회의 대화를 주요한 화두로 삼을 정도로, 유가를 하나의 사상적 파트너로 인정했습니다. 하지만 《장자》 잡편에 이르러서는 유가를 밟아 조져야 할 대상으로 여기고, 도가 사상을 전파하기 위해 극복해야 할 적폐로 자리매김한 것이죠.

계속해서 도척이 말을 이어갔다.
"공구 너는 온갖 감언이설로
자로子路를 설득하여 너를 따르게 했고,
또한 자로가 쓰고 있던 높은 관을 벗게 하고
긴 칼을 풀어놓게 한 후,
너의 가르침을 받도록 했다.
(중략)
세상 사람들이 말하는 어진 선비로
백이와 숙제 같은 사람이 없었다.

백이와 숙제는 고죽국의 군주 자리를 사양하고
수양산에서 굶어 죽었고,
그들의 유해는 누구도 장사 지내지 않았다.
주周나라 은자 포초鮑焦는 고결하게 살며
세상을 비난하다가 죽었다.
주나라 현자 신도적申徒狄은
왕에게 간언했으나 받아들여지지 않자,
무거운 돌을 들고 스스로 황하에 몸을 던져 물고기 밥이 되었다.
개자추介子推는 진나라 문공文公을 위해
자신의 허벅지 살을 베어내 먹여 살렸으나,
문공이 환궁 후 배신하자 개자추는 분노하여,
나무를 껴안은 채 불에 타 죽었다.
(중략)
공구 네가 나를 설득할 내용이 귀신에 관한 것이라면
나도 알 수 없지만,
인간 세상에 관한 일이라면 지금 내가 말한 내용에서 벗어나지 못할 것이다.
그러한 것은 내가 이미 들어 알고 있는 것이다."

⊙ 《장자莊子》 잡편 도척盜跖

백이, 숙제, 개자추 등은 중국사상 손에 꼽힐 만큼 유명한 충신들입니다. 전한 시기 동중서董仲舒가 유가를 국가 통치 이념으로 굳건히 자리매김한 이래, 그들의 이름은 더욱 빛나게 되었죠. 장자가 살던 전국시대에도 이미 백이나 개자추와 같은 인물들은 만고의 충신으로 세인들의 칭송을 한 몸에 받았습니다. 장자의 후학들이 이들을 열거하며 공자를 비판하는 겁니다. 그렇다면 장자의 관점에서 백이, 숙제는 과연 무슨 잘못을 저지른 걸까요?

백이와 숙제는 비록 주군을 위해 목숨을 바친 만고의 충신이었지만, 그들은 타인의 이념 체계나 지식 체계에 근거한 행동을 했습니다. 아무리 임금이 무도해도 신하가 임금을 시해할 수는 없다는 이데올로기에 갇혀 소중한 생명을 의미 없이 희생했으니, 이 또한 장자의 관점에서 보자면 어리석은 짓입니다.

백이와 숙제가 출병을 뜯어말린 주周나라 무왕武王이 척결하려던 임금은 중국사상 가장 무도한 폭군으로 꼽히는 상商나라 주왕紂王입니다. 주왕이 벌인 악행은 기나긴 중국사에서도 유례를 찾아보기 힘든 패악으로 손꼽힙니다. 사마천의 《사기史記》에 따르면, 주왕은 가혹한 세금을 부과하고 사치와 향락에 빠져 살았습니다. 당연히 가난과 기아에 시달리던 백성들의 반발이 끊이지 않고 이어졌어요. 이를 저지하기 위해 주왕은 잔혹한 형벌을 일삼으며 공포정치를 이어갔습니다.

용기 있게 충간하는 신하를 죽여서 포를 떠 소금에 절이는 잔혹한 짓을 서슴지 않고 벌이는가 하면, 숙부인 비간比干이 조카 주왕에게 제발 올바른 정치를 행하라고 간언하자 비간의 심장을 도려냈습니다. '성인聖人의 심장에는 구멍이 일곱 개 있다던데, 사실인지 궁금하다'고 비아냥대며 말이죠.

그 가운데 가장 끔찍한 만행은 단연, 포락지형炮烙之刑입니다. 포락지형은 커다란 구덩이를 파내고 뜨거운 숯을 가득 채운 뒤, 구리 기둥을 걸쳐놓고 그 위를 지나가게 하는 형벌입니다. 기름까지 바른 구리 기둥은 얼마나 미끄럽고 뜨거웠을까요. 사형수들은 구리 기둥을 건너다 숯 구덩이에 떨어져 고통스럽게 타 죽어갔고, 주왕과 달기妲己는 이 광경을 즐기며 연회를 열었다고 전해집니다. 상상만 해도 끔찍한 고문을 즐겼던 주왕은 대체 얼마나 악독한 군주란 말입니까.

아무리 임금이 백성을 괴롭히고 사치를 일삼아도 백성들은 임금을 갈아치울 수 없다고 믿었던 백이와 숙제는 충신불사이군忠臣不事二君(충성스런 신하는 두 임금을 섬기지 않는다)이란 이념에 갇힌 채 목숨을 잃어야만 했습니다. 상나라를 패망하게 만들고 들어선 주나라가 다시 쇠퇴하여 춘추전국시대에 이르자, 맹자는 무도한 임금은 백성들이 갈아치울 수 있다는 이른바 역성혁명론易姓革命論을 내세웠습니다. 그러니 백이와 숙제가 구천에서 맹자의 사상을 전해 들었다면, 얼마나 억울했을까요.


**이름의 무게에 짓눌리기 전에**

백이와 숙제에게 부족했던 미덕은 무엇이었을까요? 우선, 그들은 충신이란 이름의 무게에 짓눌렸습니다. 이름에 휘둘리지 않고 본질을 향해 뚜벅뚜벅 나아갈 수 있는 힘을 갖추지 못한 셈이죠. 《장자》 도척편은 바로 이 지점을 신랄하게 공격하고 있습니다. '과연 백이는 진정 자신의 자유의지만으로 주 무왕의 말고삐를 부여잡고 거병을 반대했던 것일까?'라는 질문을 던지는 겁니다.

마찬가지로 대학에 진학할 때나 직장에 취직할 때 '과연 나는 내 의지로 선택한 것일까'라는 질문을 스스로에게 던지면 자신 있게 대답할 수 있는 사람이 과연 몇이나 될지 궁금합니다. 학창 시절이나 사회초년병 시절, 스스로 주인공이 되는 삶을 영위하는 사람이 몇이나 될까요. 반면, 나이 오십 즈음에 이르러 스스로 주인공이 되는 삶을 살지 못한다면 이 또한 애석한 일입니다. '젊어서 공산주의자가 아닌 자는 바보다. 하지만 늙어서도 여전히 공산주의자인 자는 그보다 더 바보다.' 칼 포퍼의 위트 넘치는 이 명언을 빌려 말하자면, 젊어서 자기 삶의 주인공이 되지 못한 것은 이해할 수 있으나, 늙어서까지 인생의 주인공이 되지 못하면 바보입니다. 지천명에 이르러서야 겨우 깨달은 이 진실을 여러분은 조금이라도 일찍 깨닫길 간절히 바랍니다.

그렇다면 내 삶의 주인공이 되는 구체적인 방법에는 뭐가 있을까요? 저는 그 답을 주인공이란 표현의 원천인 불교에서 찾았습니다.

수행자들이여!
그대들이 법의 이치를 갖추고자 생각한다면,
타인의 말에 함부로 미혹되지 말지어다.

누구인지 불문하고, 만나는 것은 모두 죽여야 한다.

부처를 만나면 부처를 죽이고

조사를 만나면 조사를 죽여라.

아라한을 만나면 아라한을 죽이고,

부모를 만나면 부모를 죽이고,

권속을 만나면 권속을 죽여라.

그래야만 비로소 해탈하여

그 어떤 것에도 구속되지 않는 자유인이 될 수 있다.

⊙ **《임제록**臨濟錄**》**

《임제록》은 당나라 시기 유명한 선승 임제臨濟 의현義玄의 말씀을 기록한 책입니다. 스님의 입에서 '부처를 만나면 부처를 죽여라'라는 말이 나왔다는 게, 쉽사리 믿기지 않죠. 하지만 임제 의현은 분명 이렇게 설파했습니다. 궁극의 대상인 부처마저 부정하라는 이 법언의 의미는 세상 그 무엇에도 구속되지 말고 스스로의 길을 가라는 뜻이지요. 임제 의현의 설법에 제자들이 얼마나 당혹했을지 짐작이 갑니다. 하지만 그 혼란스러움을 겪어내고 이겨내서 온전히 내 것으로 만들어내야만 우리는 우리 인생의 주인공이 될 수 있습니다.

사실 주인공으로 살게 된 저 김훈종의 인생과 그 이전 김훈종의 삶이 겉보기에는 크게 다르지 않습니다. 하지만 마음가짐은 완전히 다릅니다. 예컨대, 그 이전이나 지금이나 저는 방송국에서 많은 청취자의 사랑을 받는 완성도 높고 재미난 프로그램을 만들려고 노력해왔고 앞으로도 노력할 겁니다. '프로그램 잘 만드는 프로듀서'라는 이름을 허겁지겁 받아들이기 위해 내달리는 프로듀서가 과거의 저라면, 이제는 온전히 프로그램을 완성도 있게 만들기 위해 노력하는 프로듀서가 저의 모습입니다. 높은 고과 점수나 상사의 긍정적 평가를 받기 위해서가 아니라, 프로그램을 만드는 자신을 위해서 저는 프로그램에 매진할 생각입니다. 좋은 프로그램을 만들고자 땀 흘리는 모습은 이전이나 지금이나 달라진 게 없지만, 마음가짐만큼은 주인공의 그것으로 확연히 달라졌습니다.

부처를 만나면 부처를 죽일 수 있는 태도를 갖춘다면, 그리고 내 안의 나를 깨울 수 있다면 우리 모두 인생의 주인공이 될 수 있습니다.

## 필사 노트

DATE    /    /

名<sup>명</sup>者<sup>자</sup>實<sup>실</sup>之<sup>지</sup>賓<sup>빈</sup>也<sup>야</sup>
吾<sup>오</sup>將<sup>장</sup>爲<sup>위</sup>賓<sup>빈</sup>乎<sup>호</sup>

이름이란 것은 실질에 비하자면 손님에 불과한데,
내가 굳이 손님이 되고자 하겠습니까!

# 내가 가는 길이
# 누군가의 길과 달라도

지극히 바른 길을 가는 사람은
태어날 때의 자연스런 본성을 잃지 않는다.
그래서 발가락이 붙어 네 발가락이어도
변무駢拇라 여기지 않으며,
손가락이 하나 더 있어도 육손이라 생각하지 않는다.
길어도 남는다고 여기지 않고,
짧아도 모자란다고 생각하지 않는다.
하여 물오리의 다리가 짧다고 길게 이어주면 걱정스러울 것이고,
학의 다리가 길다고 짧게 자르면 슬퍼하게 될 것이다.
고로 본래부터 긴 것을 짧게 자르면 안 되고,
본래부터 짧은 것을 길게 이어주면 안 된다.
이렇게 하면 아무것도 걱정할 게 없다.

생각해보면 인의仁義란 것은 인간의 참모습이 아니다.
저 인의를 갖춘 자들은 얼마나 걱정거리가 많을까!

⊙ 《장자莊子》 외편 변무騈拇


서울대학교 심리학과 연구에 따르면, 우리말 가운데 감정을 다루는 단어는 총 434개입니다. '기분 나쁘다'는 감정 상태도 참 다양하죠. 떨떠름하다, 뜨악하다, 시큰둥하다, 선뜩하다 등등 미묘하게 결이 다른 어휘들을 사용하고 있습니다. 이누이트를 비롯한 에스키모에게 눈을 표현하는 단어가 수십 개라는 이야기가 있듯이, 우리 민족에게 감정을 다루는 어휘가 저렇게 많다는 것은 그만큼 감정 표현에 익숙하다는 말입니다. 말에는 언중言衆의 정서가 눅진하게 녹아 있기 때문이죠.

동창회에서 친구들과 대화를 나누다가도, 흔히 잘못 쓰는 표현 때문에 거슬릴 때가 있습니다. 재밌게 놀다가도 정치 얘기만 나오면, 서로 자기가 옳다고 침을 튀기며 갑론을박 백분토론이 벌어집니다. 그러면 성격 유한 친구 하나가 중재를 하지요. "자, 각자 의견이 틀리니, 이제 그만하고 술이나 한잔 시원하게 들이켜자!" 의견이 틀린 게 아니라 다른 것일 뿐인데, 흔히 이렇게들 잘못 표현하곤 합니다.

여기에는 우리의 민족성이 녹아 있는 것 같아 기분이 씁쓸합니다. 다양한 가치관을 존중하지 않고, 오직 획일적인 목표에 모두 한마음 한 뜻으로 몰입하는 태도가 우리에게 배어 있지는 않나, 고민하게 됩니다. 물론 이러한 성정이 한국전쟁 이후 폐허가 된 나라에서 올림픽을 개최하는 선진국으로 발돋움하는 데 도움을 준 건 사실입니다. 하지만 이제 어느덧 선진국 반열에 오른 지 수십 년이 지난 우리에게 더 이상 유효하지 않은 가치입니다. 이제는 의견이든 성격이든 다름을 인정하고, 다른 것이 결코 틀린 것이 아님을 알아야 하는 시대가 된 것이죠.

### 다를 수 있지만, 틀릴 수는 없다

여느 선진국들과는 다르게 유독 내 자식은 무조건 대학에 가야 하고, 대학을 나오면 특정 직업군을 선택해야 한다는 강박이 전 국민에게 박혀 있습니다. 이러한 태도 때문에 우리가 '다르다'라고 말해야 할 때 서슴없이 '틀리다'라고 내뱉는 것은 아닐까요. 옷차림 역시 예전보다는 많이 너그러워졌지만, 여전히 사람들의 마음속엔 '틀린' 패션이 존재합니다. 문신을 바라보는 시선에도 편견이 그득하죠. 심지어 주거 형태 역시 아파트가 아니면, '틀리다'라고 바라보는 시선 때문에 대한민국은 '아파트 공화국'이 되었습니다. 주택이나 빌라가 결코 '틀린' 주거형태가 아닙니다. 그저 '다른' 생활공간일 뿐이죠.

학업성취도를 측정하는 방식도 획일적이긴 마찬가집니다. 특정한 시간 안에 특정한 문제를 재빨리 풀어내는 것만이 우수한 인재를 가르는 잣대죠. 수학계의 노벨상이라 불리는 필즈상 수상자 허준이 교수도 대학 시절 천편일률적 잣대로 따지면, 열등생이었다고 합니다. 하지만 허 교수는 꾸준히 자신의 실력을 갈고닦아 학업성취도의 잣대가 '틀렸음'을, 그리고 자신의 능력이 '달랐음'을 증명해냈죠.

조선시대에도 '틀린' 방식이 아닌 '다른' 방식으로 공부를 한 인물이 있습니다. 선조 37년에 태어난 김득신金得臣이란 인물이 바로 그 주인공입니다. 임진왜란의 영웅, 진주목사 김시민金時敏의 손자로 명문가에서 태어난 그는 어릴 적 천연두를 심하게 앓다 겨우 살아났습니다. 그 후유증으로 두뇌에 손상을 입어 열 살이 되어서야 겨우 글을 깨우쳤을 정도로 아둔했다고 전해집니다. 남들보다 열악한 상황이었지만, 노력을 멈추지 않은 덕분에 서른아홉 살에는 진사시에 합격하고 쉰아홉 살에는 증광시에 합격하여 출사에 성공하게 됩니다. 남들과 똑같이 글을 읽어도 이해가 느리니, 김득신은 반복 독서를 통해 자신의 단점을 극복했습니다. 사마천의《사기》가운데《백이열전伯夷列傳》을 무려 십만 번이나 읽은 것으로 유명합니다. 뭐《사기》뿐이겠습니까.《논어》,《맹자》,《춘추》등 사서삼경 역시 읽고, 또 읽으며 익혔겠지요.

그의 학문이 비록 과거제라는 시험에는 적합하지 않아 환갑이 가까운 나이에 등과하며 벼슬을 얻었지만, 김득신은 오늘날 조선을 대표하는 시인으로 알려져 있습니다. 과거장에서 자신의 학식을 쏟아내야 하는 시험에는 서툴렀지만, 여유롭게 시간을 가지고 시를 짓는 일에는 능숙했기 때문이죠. 김득신의 학문은 틀린 것이 아니라, 달랐던 겁니다. 그의 문집에는 다음과 같은 소회가 실려 있습니다.

"재주가 남들보다 못하다고 스스로 한계 짓지 말지어다.
나보다 어리석고 아둔한 이도 없겠지만,
나 역시 마침내 성취가 있었다.
모든 것은 열심히 힘쓰는 것에 달려 있을 뿐이다."
⊙ **《백곡집**柏谷集**》**

김득신의 생애를 언급한 이유가 '여러분! 여러분도 노력하고 노력하면 뭐든 이뤄낼 수 있습니다. 부디, 땀 흘려 정진하고 부단히 노력하세요!'라는 새마을운동 훈시와 같은 말씀을 드리려는 건 아닙니다. 그보다는 세상엔 다른 방식의 노력과 다른 결의 땀이 있고, 나의 성취가 누군가와 '다른' 길로 이뤄졌다 해도 그것은 '틀린' 것이 아님을 강조하고 싶었습니다. '물오리의 다리가 짧다고 억지로 늘릴 일도 아니요, 학의 다리가 길다고 자르면 안 된다'는 장자의 말씀을 되새기고자 김득신의 생애를 인용한 겁니다.

제가 몸담고 있는 방송국에도 김득신을 연상시키는 프로듀서 K가 있었습니다. 지금은 부서가 달라졌지만, 제가 텔레비전 프로그램을 만들던 시절 함께했던 선배입니다. K는 늘 해가 중천에 떠야 출근을 했습니다. 오전 내내 그리고 점심시간이 지날 때까지 그의 책상은 비어 있습니다. 서너 시쯤 되어서야 출근하는 그에게 선배들의 눈총이 따가울 수밖에요. 하지만 그의 기행을 이해하는 선배도 있었습니다. 훗날 최고위직까지 오른 선배 M은 항상 그를 인정했지요. "K는 말이야, 출근은 늦어도 아이템을 발굴하려고 새벽 서너 시까지 열심히 노력하는 친구야. 그러니 항상 좋은 프로그램을 만들지."

그렇습니다. K는 기획, 촬영, 편집 등 어느 하나 허투루 하던 프로듀서가 아니었습니다. 다만, 남들과는 조금 다른 시간에 집중할 수 있는 생활 패턴을 지녔을 뿐입니다. 만약 그에게 무조건 아침 9시에 출근하라고 강요를 했다면, 어땠을까요? 분명 좋은 결과를 내놓지 못했을 겁니다. 다름과 틀림을 분명히 구분해야 하는 이유입니다.

### 자신의 본성을 해치지 말 것

《장자》의 변무편에서 실린 '학의 다리가 길다고 자르지 마라'는 주장은 본디 유가의 인의사상仁義思想이나 묵가의 겸애사상兼愛思想에 대한 논박에서 시작된 겁니다. 장자가 살던 당대 가장 유행하던 학파는 묵가와 양주의 사상이었습니다. 동시대에 활동하던 맹자는 "천하의 여론이 양주楊朱에게 돌아가지 않으면 묵적墨翟에게 돌아간다"고 말하며 당대 묵적과 양주의 인기를 증언합니다.

묵가의 창시자 묵적은 겸애 즉 보편적인 사랑, 차별 없는 사랑을 강조한 인물입니다. 양주는 이른바 위아설爲我說이라 불리는 개인주의를 주창한 인물입니다. "내 몸의 터럭 하나를 뽑아 천하에 이득이 되더라도 나는 하지 않겠다"는 말로 유명하죠. 맹자는 극도의 이기주의라 비판하지만, 그 본질은 국가를 위해 개인의 희생을 강요할 수 없다는 것으로 전체주의에 반대하는 이론입니다. 양주를 그저 단순하게 이기주의자라고 규정짓는 것은 오해의 여지가 남습니다. 양주의 사상이 그토록 얄팍한 것이었다면, 전국시대를 양분한 사상으로 자리매김할 수는 없었겠지요. 양주는 인간의 본성이 자주적인 존재임을 인정하고, 이를 바탕으로 도덕적 행동이 이루어진다고 보았습니다. 성선설과 성악설을 부정하고, 주어진 환경과 교육에 따라 얼마든지 변화할 수 있음을 피력했지요.

전쟁이 끊이지 않던 전국시대에 국가나 지배층의 이익을 위해 전쟁에 희생되던 백성들의 입장에서는 환영할 만한 주장이었습니다. 그런데 장자는 묵가의 겸애나 양주의 개인주의는 물론이요, 이들을 비판하던 유가의 인의仁義와 예악禮樂을 싸잡아 때리면서, 이 모든 사상의 근원이 인위적이며 쓸데없는 사족에 지나지 않는다고 평가합니다.

> 내가 말하는 훌륭한 선善이란 인위적인 인의仁義가 아니라,
> 자기 본성의 덕德을 자연스레 따르는 것이다.
> 내가 말하는 선이란 세상에서 흔히 말하는 인의가 아니라,
> 자기가 태어난 본래 그대로의 모습을 맡기는 것이다.

내가 말하는 귀 밝음이란

남이 만들어낸 소리를 듣는 것이 아니라,

자기 내면의 소리에 귀 기울이는 것이다.

내가 말하는 눈 밝음이란 남이 만들어낸 색을 보는 것이 아니라,

자기 내면을 관조하는 것이다.

무릇 자기 내면을 관조하지 못하고 남이 만들어낸 것만 보고,

자기 스스로 체득하지 못하고 남이 만들어낸 것만 얻는 자는

자기 스스로 얻어낼 수 없다.

남의 즐거움을 위해 즐거워할 뿐

자신의 즐거움을 알지 못하는 자이다.

무릇 남의 즐거움을 위해 즐거워할 뿐

자신의 즐거움을 모른다면,

이는 도척盜跖, 백이伯夷와 마찬가지로,

도리에 어긋나고 치우친 일이다.

나는 참된 도덕에 이르지 못함을 부끄러워한다.

하여, 위로는 감히 인의를 행하려 하지 않고,

아래로는 감히 도리에 어긋나는 행동을 하지 않으려 한다.

⊙ 《장자莊子》 외편 변무駢拇

여기서 백이는 고사리 먹으며 주려 죽어간 충신의 대명사 백이, 숙제의 백이입니다. 일찍이 사마천이 《사기열전》의 제일 앞에 백이 열전을 두어, 중국 사상사에서 의義를 논할 때 가장 대표적 인물로

자리매김했지요. 상나라 말기 고죽국의 왕자였던 백이와 숙제는 훗날 주나라 무왕의 자리에 오르게 되는 희발姬發이 군사를 이끌고 상나라를 멸망하려 하자, '신하가 임금을 주살하는 것을 어찌 인仁이라 할 수 있는가!'라며 간언했습니다. 전한 시기 동중서가 유가를 국가 이데올로기로 확립한 이래, 백이와 숙제는 중국 역사상 가장 의로운 충신의 반열에 올라서게 됩니다.

반면, 도척은 어떤 인물인가요. 시대를 풍미한 악명 높은 도적으로 인육을 먹는 등 그 악행을 이루 형언할 수 없을 정도로 지독한 인물입니다. 사마천은 '도척과 같은 악인이 천수를 누리는데, 백이와 숙제 같은 의인들은 굶어 죽어 나가는' 현실을 개탄하며 과연 하늘의 도道가 존재하는지 한탄하는 화두를 던졌습니다. 중국 문헌에서 도척은 악인의 대명사로 사용될 정도로 그 흉악함이 대단했지요. 하지만 장자의 관점에서 백이와 도척은 다르지 않습니다. 장자는 이렇게 두 인물을 비교합니다.

"상나라의 충신 백이는
명예를 위해 수양산에 들어가 굶어 죽었고,
큰 도둑인 도척은 자신의 잇속을 챙기다 동릉산 위에서 죽었다.
이 두 사람이 죽은 이유는 다르지만
목숨을 버리고 자신의 본성을 해쳤다는 점에서 같다.
그런데 어찌하여 백이는 옳고, 도척은 그르다고 하는가!
세상 사람 모두 무언가를 위해 목숨을 걸고 있다.

그런데 누군가 인의를 위해 목숨을 걸면
세상에서 군자라 칭하고,
재물을 위해 목숨을 걸면 소인배라 말한다.
양자 모두 목숨을 건 것은 같은데
어떤 이는 군자라 하고 다른 이는 소인배라 한다.
목숨을 걸고 자신의 본성을 해친 점에서
도척이나 백이나 다를 바가 없다.
그런데 어찌하여 군자니 소인이니 하며 차별을 둔단 말인가!"

여기서 '자신의 본성을 해친다'는 구절이 핵심입니다. 원문으로 살펴보자면 '상성傷性' 또는 '손성損性'이라 표현합니다. 인간의 본성을 훼손하거나 파괴한다는 뜻이죠. 그렇다면 성性, 인간의 본성이란 무엇일까요? 장자가 파악하는 인간의 본성은 타인의 잣대가 아닌 자신의 판단 근거를 바탕으로 사유하고 판단하고 행동하는 것을 의미합니다. 장자는 인간의 자유의지를 끝까지 밀어붙여 그 순수한 결정체를 거머쥐어야 한다고 주창하는 겁니다.


**다수의 길에서 벗어날 수 있는 용기**

우리가 흔히 자유의지로 행한다고 생각하는 많은 일이 알고 보면 타인의 시선과 잣대에 의해 재단당하는 경우가 많습니다. 고대 그리스 신화에 등장하는 프로크루스테스는 힘이 엄청나게 센 거구의 강도입니다. 아테네 언덕에 자리 잡고 있으면서 지나가는 사람들을 잡아 족쳐 재물을 빼앗았지요. 그의 집에는 쇠로 만든 침대가 있었는데, 무고한 사람들을 잡아다가 침대에 뉘여보고는 침대보다 크면 몸뚱이를 잘라내 맞추고, 침대보다 작으면 억지로 늘려 죽였다고 합니다. 이 얼마나 잔혹한 일인가요.

백이는 백이대로 대중의 시선과 평판에 휩쓸려 의로운 행동을 한 것이고, 도척은 도척대로 자신의 이익과 영달을 위해 강도짓을 한 것이라는 게 장자의 해석입니다. 범인들의 잣대로 보자면 전혀 다른 행동이지만, 인간의 본성을 해쳤다는 점에선 매한가지라는 해석입니다. 학의 다리가 길다고 자르는 행위처럼 타인의 시선에 휘둘려 무위자연無爲自然을 파괴했다는 점에서, 도척이나 백이나 오십보백보인 셈이죠.

도척이나 백이와 같은 우를 범하지 않으려면, 우리네 삶에는 모범답안이 없음을 먼저 인정해야 합니다. 어려서는 공부 열심히 해 소위 명문대학에 진학하고, 대학을 졸업하면 소위 좋은 직장이라는 곳에 들어가야 하고, 직장에 들어갔으면 결혼하고 아이를 낳고 승진을 해야 하는 무한 쳇바퀴에서 벗어날 수 있는 용기가 필요합니다.

'인생에 정답이 없다'는 흔하디흔한 표현을 조용히 음미해보세요. 진부하기 짝이 없는 말이지만, 막상 나부터 실천하자면 그보다 힘 있는 말이 드물어요. 우리네 삶은 같은 중앙에서 출발해 각자의 목표를 향해 퍼져나가는 동심원과 같습니다. 동서남북 정해진 방향이나 정답인 방향이 따로 없어요. 원하는 대로 뻗어나가면 그만입니다. 감히 누가 누구를 재단하고 평가한단 말입니까. 어느 방향에서 시작해도 그만이고, 지름이 길든 짧든 상관이 없답니다.

  정신적 자유를 만끽하기 위해서는 '다름이 틀림이 아니다'라는 지극히 당연한 명제를 받아들여야 해요. 대다수 남들이 가는 길에서 조금만 벗어나면 손가락질해대는 대한민국의 편협함에 분연히 반기를 들고 일어설 줄 알아야 합니다. '다름은 다름일 뿐 틀림이 아니다!'라는 진실과 마주할 때, 비로소 우리는 프로크루스테스의 침대에서 벗어날 수 있습니다.

# 필사 노트

DATE    /    /

<small>장 자 불 위 유 여</small>
長者不爲有餘
<small>단 자 불 위 부 족</small>
短者不爲不足
<small>시 고 부 경 수 단   속 지 즉 우</small>
是故鳧脛雖短 續之則憂
<small>학 경 수 장   단 지 즉 비</small>
鶴脛雖長 斷之則悲
<small>고 성 장 비 소 단</small>
故性長非所斷
<small>성 단 비 소 속</small>
性短非所續
<small>무 소 거 우 야</small>
無所去憂也


길어도 남는다고 여기지 않고,
짧아도 모자란다고 생각하지 않는다.
하여 물오리의 다리가 짧다고 길게 이어주면 걱정스러울 것이고,
학의 다리가 길다고 짧게 자르면 슬퍼하게 될 것이다.
고로 본래부터 긴 것을 짧게 자르면 안 되고,
본래부터 짧은 것을 길게 이어주면 안 된다.
이렇게 하면, 아무것도 걱정할 게 없다.

# 타인의 시선이나
# 평가 대신

장자가 황하의 지류 복수濮水에서 낚시를 하고 있었다.
초나라 왕이 대부 두 명을 보내 왕명을 전하니,
두 사신이 장자에게 말했다.
"청컨대 초나라의 정치를 맡아주시길 바랍니다."
장자가 낚싯대를 잡은 채, 돌아보지도 않고 말했다.
"내가 듣자 하니 초나라에는 신령스런 거북이가 있는데,
죽은 지 벌써 삼천 년이 되었다죠.
초나라 왕은 그 거북이를 비단으로 싸고 대나무 상자에 넣어
묘당 위에 보관한다지요.
그렇다면 그 거북이는 죽어서
뼈만 남긴 채 귀하게 대접받길 원했을까요,
아니면 차라리 살아서

진흙 속에서 꼬리를 끌며 다니길 원했을까요?"

초나라 두 대부가 말했다.

"살아서 진흙 속에 꼬리를 끌고 다니길 바라지 않았을까요."

장자가 말했다.

"그러니 돌아가시오.

나도 진흙 속에 꼬리를 끌며 살아갈 것이오."

⊙ 《장자莊子》 외편 추수秋水


중국 여행지 가운데 우리나라 사람들이 가장 좋아하는 곳은 어디일까요? 만리장성을 보러 찾아가는 북경, 수향마을을 구경하러 가는 항주, 병마용을 관람할 수 있는 서안 등 역사적인 도시도 많지만, 대륙의 압도적인 자연풍광을 보러 가는 사람들도 많습니다. 그 가운데 압권은 역시나 장가계張家界입니다. 전 세계 역대 흥행 1위 영화 〈아바타〉의 촬영지로도 유명하지요.

원래 수억 년 전 바닷가였던 지역이라 퇴적된 사암이 많았는데, 이것이 융기했다 다시금 침식을 거쳐, 오늘날 마치 다른 행성과 같은 진기한 풍경을 이뤄낸 겁니다. 삐죽삐죽 솟은 기암괴석이 아무리 봐도 별천지別天地입니다. '사람이 태어나 장가계를 가보지 않았다면, 백세가 되어도 어찌 늙었다고 할 수 있겠는가!'라는 중국 속담이 있을 정도지요.

장가계는 전 세계에서 수백만 명의 관광객이 방문하는 덕분에 막대한 관광수입을 올리고 있지만, 아이러니하게도 그 시작은 돈과 권력으로부터 초연하기 위한 한 현인의 결단이 만들어냈습니다. 장가계張家界를 직역하자면, '장씨 집안의 경계'입니다. 한마디로 어떤 장씨가 소유한 땅이란 말이죠. 그 장씨는 바로 중국사에서 한 획을 그은 장량張良입니다. 그의 자는 자방子房인데, 장자방은 중국사에서는 물론이요 우리나라에서도 탁월한 지략가의 대명사가 되었습니다. 《삼국지연의三國志演義》에서는 조조가 모사 순욱을 일컬어 '나의 자방'이라 칭했고, 계유정난으로 정권을 잡은 세조는 한명회를 일컬어 '나의 장자방'이라고 극찬했다죠.

**부와 명예에 초연할 때 얻을 수 있는 것**

장량은 열세에 놓였던 유방을 도와 항우를 물리치고 한漢나라를 개국한 일등 공신이었습니다. 한고조에 등극한 유방은 자신의 휘하에 있던 용맹한 장수와 명석한 전략가들을 두려워하기 시작했습니다. 언제고 말머리를 돌려 자신을 향해 공격해 온다면 막아낼 재간이 없는 인물들이 즐비했기 때문입니다. 한고조 유방에게 '폐하는 10만 정도의 병사를 지휘할 역량이 있지만, 신은 많으면 많을수록 좋습니다'라는 맹랑한 말을 내뱉은 한신韓信이 대표적인 인물이지요. 다다익선多多益善이라는 사자성어가 바로 여기서 유래했습니다.

한신 하면 또 하나 대표적인 고사성어와 관련되어 있는데요, 바로 요즘도 흔히 사용하는 토사구팽兎死狗烹이 그것입니다. 본래 교

토사양구팽狡兎死良狗烹, 즉 날랜 토끼가 죽으면 토끼를 물고 온 훌륭한 사냥개를 삶아버린다는 의미의 말에서 축약된 사자성어로, 《사기》 회음후열전淮陰侯列傳에도 기록되어 있습니다. 한고조에게 스스로 찾아간 한신이 호위병에게 포박당하자, 한탄하며 이렇게 말했습니다. "과연 세인들이 '날랜 토끼가 죽으면 훌륭한 사냥개를 삶아 죽이고, 높이 나는 새가 모두 사라지면 좋은 활을 치워버리며, 적을 쳐부수고 나면 지혜로운 신하가 죽는다'고 하더니, 천하가 이미 평정되었으니 내가 삶겨 죽는 것은 당연한 이치구나!"

결국 한신은 모반했다는 누명을 덮어쓰고 장락궁長樂宮에서 목이 베어 죽음을 당했습니다. 한때 유방, 항우와 더불어 정족지세鼎足之勢를 이루던 당대 최고의 전략가 한신이었지만, 자신의 운명은 전혀 알아채지 못한 채 억울하게 세상을 떠났습니다.

반면, 장량은 건국 이후 공신들의 운명이 어떠할지 간파하고 선제적 조치를 취하게 됩니다. 마치 이카로스의 추락을 곁에서 목도한 것처럼, 장량은 조정의 만류를 뿌리치고 정계은퇴 수순을 밟습니다. 그리고 그가 향한 곳이 바로 장가계였고, 그곳에서 장량은 안온한 말년을 보냈습니다. 한신, 영포 등 일등공신들이 역모의 죄를 뒤집어쓰고 처형당하는 와중에 장량만큼은 자신의 몸을 지켜낼 수 있었지요.

실제 장량이 장가계로 들어가 신선이 되고자 온 힘을 다했다는 설도 있지만, 장안에 남아 끝까지 정치적 고문 역할을 수행했다는 설도 있습니다. 어느 설이 정설인지는 몰라도, 어찌 되었든 장량은 스스로 몸을 낮추어 한고조 유방의 심기를 건드리지 않았음이 분명합니다. 한고조가 그의 공을 높이 사 무려 3만 호의 식읍(3만 가구가 사는 지역에서 나오는 이익과 세금)을 내리려 했지만, 장량은 극구사양하고 3천 호의 식읍에 만족하고 유후留侯에 봉해졌습니다. 유방에게 일등공신 한신을 소개한 것도 장량이요, 홍문연鴻門宴에서 항우에게 개죽음 당할 뻔한 유방의 목숨을 구해준 것도 장량입니다. 한신과 더불어 그의 공적은 수위를 다툴 정도로 높았건만, 스스로 고사해 고작 공신 순위 62위에 책봉되었습니다.

한고조가 사망한 후 그의 부인 여후呂后가 권력을 쥐고 흔들던 시기, 그녀 역시 장량의 지모智謀를 높이 샀고 그에게 자신의 일을 도와달라고 청했습니다. 하지만 장량은 이렇게 답했습니다. "저는 세치 혀로 제왕의 스승이 되었고, 만호후에 봉해졌으며, 제후의 지위에 올랐으니 이는 포의布衣(벼슬 없는 선비)로서 극한에 다다른 겁니다. 인간 장량에게는 만족스런 일입니다. 바라건대 인간사를 버리고 적송자赤松子(중국 역사상 최초로 이름이 알려진 신선)를 따라 노닐고 싶은 마음뿐입니다."

장량의 행적과 언사를 쫓다 보니, '어쩌면 장량은《장자》를 탐독하지 않았을까?' 조심스런 추측을 해보게 됩니다. 최고의 권세와 부를 누리던 장량이 스스로 절제하고 한없이 낮은 자세로 살아갈 수 있었던 원동력이《장자》에서 기인한 것은 아닐까, 라는 합리적 추론이지요.

## 진흙 속에 꼬리를 끌더라도

잘나갈 때 조심하라는 조언들을 흔하게 하곤 하지요. 그만큼 인간이란 동물은 원래 권력과 부와 명예를 쥐게 되면, 사고를 칠 확률이 높기 때문입니다. 사업을 통해 돈을 쓸어 담거나 조직에서 특진을 거듭해 승승장구하게 되면 대부분 고꾸라지는 모습을 보입니다. 잘나가게 되면 기고만장해지는 것이 우리네 장삼이사의 본질이기 때문입니다. 장량이 행했던 겸양을 실천하기란 여간 어려운 일이 아니지요. 우리 인간의 본성을 거슬러야 하니까요. 하지만 《장자》가 강조하는 삶의 본질에 집중한다면, 잘나갈 때 기고만장해지는 우를 범하지 않고 장량의 지혜를 배울 수 있습니다.

노자나 장자 등 도가의 대표적 인물을 상상해보노라면, 백발의 수염을 휘날리며 도복을 입고, 마치 학이라도 한 마리 타고 날아다닐 것 같지요? 흔히 신선 같은 이미지를 상상하겠지만, 실상은 그렇지 않습니다.

노자는 국가의 중요한 문서 보관 업무를 담당했으니 지금의 국립도서관장이나 교육부장관에 해당하는 중책을 담당했습니다. 장자 역시 비록 미관말직이었지만 칠원漆園 지방의 관리를 맡아 공직 생활을 했습니다. '나는 자연인이다!'를 외치며 심산유곡에서 현실과 유리된 삶을 살아온 듯 오해하고 있지만, 실상 그들 역시 땅에 발을 딛고 살아온 사상가들입니다.

장자의 지혜로움과 학식이 장안의 화제가 되자, 초나라의 위왕威王은 그를 재상으로 등용하려고 사신을 보냈습니다. 하지만 장자에게 그 자리는 마치 거북이가 죽어서 뼈만 남은 채 사당에서 추앙받는 모습으로 비춰졌습니다. 하여 사신들에게 자신은 차라리 진흙 속에서 꼬리를 끌지언정 살아 숨 쉬는 거북이가 되겠노라며 위왕의 제안을 단호하게 거절했으니, 이것이 바로 예미도중曳尾塗中이란 고사성어의 출전입니다. 제아무리 큰 부와 명예라 해도 자유를 잃어버리면, 죽어 남긴 해골과 다름없다는 장자의 판단이지요.

 라디오 프로듀서로 스무 해 넘게 수십여 개의 프로그램을 제작하다 보니, 저 역시 장자와 비슷한 경험을 한 적이 많습니다. 저와 같이 방송업계에 몸담고 있는 분들은 아마 많이들 공감할 텐데요, 프로그램을 맡다 보면 창업이냐 수성이냐에 따라 자신의 입장이나 태도가 돌변하게 됩니다. 청취율이 잘 나오고 화제성이 있으며 진행자 역시 S급인 프로그램에 배정이 되면, 우선 기분이 우쭐해지긴 합니다. 예컨대, 제가 몸담고 있는 SBS 라디오의 〈두시탈출 컬투쇼〉가 대표적인 예입니다.
 좀 낯 뜨겁고 무안한 얘기지만, 소위 인기 프로그램에 배정되면 사무실을 찾아오는 매니저들의 안부 인사부터 달라집니다. 당연히 게스트 섭외 수준도 자연스레 올라가지요. 친척들 결혼식에라도 가면, 요즘 뭐 하냐는 질문에 별다른 설명 없이 한마디면 해결이 됩니다. 반면 새로이 신설한 인지도 없는 프로그램을 담당하면, 주절주절 진행자의 인적 사항과 유행어 등을 주워섬기며 한참 떠들어도, '그래서 요즘 뭐 한다고?'라는 질문의 수렁에서 빠져나오지 못하게 되지요.

처음부터 진행자와 작가진을 섭외하고, 프로그램 구성을 하나하나 만들고, 홈페이지부터 로고송에 이르기까지 모든 제작 과정에 관여하게 되면, 저 단전 밑 알 수 없는 곳에서부터 뭉근하면서도 뜨거운 무엇인가가 올라오는 것을 느낍니다. 이른바 프로그램 기획의 맛이죠. 반면, 청취율이 높은 인기 프로그램은 이미 짜인 공고한 틀에서 한 치도 벗어나기 힘듭니다. 베테랑 진행자의 눈치도 봐야 하고, 이미 맛을 들인 청취자들의 취향도 고려해야 하지요. 움츠려 뛸 공간이 거의 없다고 봐야 합니다. 그저 지금껏 해온 대로 무난하게 만들어나가려는 자세가 오히려 프로듀서로서 갖춰야 할 미덕이지요. 마치 비단으로 둘러싸인 채 대나무 상자에 고이 넣어진 거북이 등딱지가 된 기분입니다. 그래서 저는 언젠가부터 잘나가는 프로그램에 배정되기보다는 새로운 프로그램을 기획하는 걸 훨씬 좋아합니다. 비록 진흙 구덩이 속에서 뒹굴어도, 생생하게 살아 있는 걸 느끼니까요.

### 눈 깜짝할 사이 끝나는 인생

살다 보면 어느 분야에서든 이렇게 비단 보자기에 싸인 거북이 뼈다귀가 된 기분을 종종 느끼지 않을까 싶네요. 잘 차려진 밥상을 받게 되면, 누구나 밥을 지은 사람에게 감사를 표하고 주어진 대로 먹을 수밖에 없습니다. 반면 물 말은 식은 밥에 김치 하나가 전부여도 내가 차린 밥상은 마음이 편하지요. 그런데 말이죠, 만날 밥에다 김치만 먹다 보면 우리는 잘 차려진 진수성찬의 유혹에 빠지기도 합니다. 영혼을 팔아서라도 뭔가를 쟁취해내겠다는 마음이 올라올 때면, 삶의 유한함을 한번 떠올려보세요.

영원한 삶이라면 영혼이든 뭐든 팔아치워서라도 탐욕을 부리는 것도 하나의 방법이겠지만, 고작 백 년도 되지 않는 삶에서 그렇게까지 할 필요가 있을까요. 장자에게도 무한한 삶이 주어졌다면, 초나라 위왕의 제안에 응해 재상으로서 자신만의 정치를 펼쳐보았을 겁니다. 그러다 권력투쟁에서 밀려나 다시 호숫가로 돌아오면, 그저 편안히 낚싯대를 드리우면 그만입니다. 하지만 자기 자신을 속이며 살기엔, 우리네 인생은 너무도 짧습니다.

사람이 하늘과 땅 사이에 살고 있는 것은
마치 흰 말이 좁은 틈새를 지나는 것과 같다.
ⓞ 《장자莊子》 외편 지북유知北遊

요즘이야 문틈이라는 게 아예 없지만, 나무로 대문을 만들면 아귀가 딱 들어맞지 않아 좁은 틈이 생깁니다. 그 문 사이 틈에 눈을 대고 잠시 밖을 바라보다가 백마 한 마리가 달려가는 모습을 본다면, 얼마나 금세 지나갈까요. 그야말로 눈 깜짝할 사이에 끝나겠지요. 《장자》는 노자의 입을 빌려 우리네 삶이 바로 그와 같다고 역설하고 있습니다. 이 짧은 인생에서 타인의 시선이나 평가에 얽매여 자신을 잃어가면서까지 살아갈 이유가 없습니다. 거북이 뼈다귀를 둘러싼 비단이나 대나무 상자는 모두 타자의 평가일 뿐입니다. 얽매이고 간섭당할 필요가 없는 것이죠. 오늘도 저는 진흙 속에 꼬리를 뒹굴며, 새로운 진행자와 새로운 프로그램을 기획하고 싶은 프로듀서입니다. 여러분은 어떠신가요?

## 필사 노트

DATE    /    /

<sub>인 생 천 지 지 간</sub>
**人生天地之間**
<sub>약 백 구 지 과 극</sub>
**若白駒之過郤**

사람이 하늘과 땅 사이에 살고 있는 것은
마치 흰 말이 좁은 틈새를 지나는 것과 같다.

## 매일을 축제처럼

애공哀公이 물었다.
"무엇을 일러 재주가 온전하다고 합니까?"
공자가 답했다.
"죽음과 삶, 생존과 멸망, 곤궁과 영달, 가난과 부유함,
현명함과 어리석음, 오욕과 명예, 배고픔과 목마름, 추위와 더위.
이 같은 것들은 모두 사물의 변화와 천명의 흐름입니다.
이러한 일들이 밤낮으로 갈마들지만,
인간의 지혜로는 그것을 제어할 수 없습니다.
그러므로 이러한 일들이 마음을 어지럽힐 수 없고,
이러한 생각이 마음속에 들어갈 수도 없습니다.
이러한 일들이 서로 조화롭게 소통하게 만들고,
기쁜 마음을 잃지 않으면서

밤낮으로 틈이 벌어지지 않게 유지하면,

만물과 더불어 화평한 봄을 맞이하게 됩니다.

이것이 바로 생명의 시간을 마음에 모으는 겁니다.

이를 일컬어 재주가 온전하다고 하는 것입니다."

⊙ **《장자莊子》내편 덕충부**德充符

제주도의 유명한 관광지, 서귀포西歸浦란 지명의 유래를 아시나요? 직역하자면 '서쪽으로 돌아가는 포구'라는 이 지명은 한 인간의 끝 간 데 없는 욕망이 포말처럼 부서지며 만들어낸 유산입니다. 바야흐로 기원전 3세기 무렵, 천하를 손아귀에 거머쥔 황제는 영생을 꿈꾸며 불로장생의 방책을 수소문했습니다. 이때 방사 서불徐市이 나타나 황제를 현혹시킵니다. "바닷속에 삼신산三神山이 있는데 이름하여 봉래산蓬萊山, 방장산方丈山, 영주산瀛洲山이라고 합니다. 거기에 신선들이 살고 있으니, 청컨대 재계하고 동남동녀童男童女와 함께 신성神性을 찾으소서!"

서불은 동남동녀 수천 명과 함께 여러 척의 배를 나눠 타고 불로초를 찾아 떠났습니다만, 실패 기록만이 사마천의 《사기》에 남아 있습니다. 서불의 선단은 서해를 지나 아마도 제주도에 닿았을 것이고, 제주에서 불로장생의 약을 찾아 헤매다 빈손으로 돌아갔겠지요. 덕분에 서귀포란 아름다운 지명이 만들어진 것이고요.

짐작하신 대로 서불에게 불로초를 찾아오라 명한 황제는 바로 진시황秦始皇입니다. 중국을 최초로 통일한 황제, 진시황은 유독 불로장생에 집착했습니다. 천하를 자신의 발밑에 두는 위업을 달성했으니, 이는 공간의 합일을 이뤄낸 겁니다. 자연스레 그의 다음 관심사는 시간이었겠죠. 물리적 공간을 장악하고 이내 시간마저 손아귀에 넣으려는 그의 터무니없는 야심은 당연하게도 실패로 귀결되었지만, 병마용兵馬俑이라는 창대한 유적을 남겼습니다.

중국 산시성 시안을 방문한 관광객이라면 반드시 찾아가는 진시황릉은 1974년 우물을 파다가 발견된 후, 무려 50년 동안 발굴을 이어왔지만 여전히 그 전모를 드러내지 못하고 있습니다. 심지어 언제 발굴이 종료될지조차 가늠할 수 없는 상황입니다.

70여 만 명을 동원해 완성한 거대한 황릉의 백미는 병마용입니다. 진시황은 영생의 꿈을 이루겠노라 별의별 해괴한 짓거리를 명하면서도, 다른 한편으론 자신의 죽음 이후 사후세계를 대비해 천문학적 비용을 쏟아부었습니다. 지금까지 발굴된 병마용만 해도 무려 8,000여 개가 넘습니다만, 하나하나 얼굴 표정이 다 다릅니다. 자신의 사후세계를 지켜줄 병력에 진시황이 얼마나 진심이었는지 보여주는 대목입니다. 그저 진흙으로 빚어 구워낸 토용土俑일 뿐인데 말이죠.

불로초를 얻겠다고 혹은 사후세계의 안식을 위해 국고가 휘청거리게 재정을 낭비한 진시황의 모습을 보고 있노라면, 실소가 나오지요. 하지만 과연 그를 조롱할 수 있는 자격이 우리에게 있을까요? '이 세상에서 미루면 미룰수록 좋은 것이 두 가지가 있다. 하나는 세금이요, 다른 하나는 죽음이다'라는 우스개가 있죠. 피하고 싶고 미루고 싶지만 결국 맞닥뜨릴 수밖에 없는 것이 바로 이 두 가지입니다. 벤자민 프랭클린 역시 '이 세상에서 가장 확실한 두 가지가 바로 죽음과 세금'이라고 역설했습니다. 정말 간절하게 미루고 싶다는 마음은 거꾸로 말하자면, 절대 피할 수 없다는 것을 방증하는 겁니다. 누구나 죽음을 두려워하고 미루려 하지요. 진시황처럼 할 수 없으니 그렇지, 우리네 장삼이사의 마음도 크게 다르지 않을 겁니다.

### 삶과 죽음은 하나

죽음의 공포를 온전히 체감했던 그날 밤을 저는 여전히 기억합니다. 그 밤의 공기, 온도, 습기, 냄새는 물론이요, 누워서 바라보던 벽지 모양까지도 생생합니다. 중학교 2학년 여름이었습니다. 더위에 지쳐 까무룩 잠들었다가 새벽녘에 깨어나, 이유도 없이 죽음을 떠올렸습니다. 지금 돌이켜보자니, 마침 그때 중2병이라도 걸린 모양입니다. 죽음을 맞이할 때 수반되는 물리적 고통이나 이루지 못한 일에 대한 회한 따위는 전혀 없었습니다. 철저한 무신론자였기에 혹시 내가 지옥에 떨어지지는 않을까 하는 염려도 없었지요.

어린 소년의 두려움은 오직 한 가지로 수렴되었습니다. '내가 생각한다는 것이 곧 나의 본질인데, 내가 죽으면 나의 인식은 영원히 소멸되는구나! 죽으면 내가 생각한다는 것 자체가 사라지는 것인데, 그럼 어쩌지? 나라는 존재는 어떻게 되는 걸까….' 마치 공상과

학 영화 속 우주의 심연 속으로 빨려 들어가 사라지는 미아가 되어 버린 기분이었습니다. '나는 생각한다. 고로 나는 존재한다'는 데카르트의 명제가 왜 방법론적 회의 끝에 탄생하여 서양 철학의 출발점이 되었는지, 명징하게 이해할 수 있었던 밤이었습니다.

데카르트의 혜안에 감탄하며 중학교를 마치고 졸업식이 있던 어느 겨울 날, 아버지와 단둘이 단출한 기념사진을 찍어야 했습니다. 어머니는 지병으로 종합병원에 입원해 계셨지요. 하나뿐인 자식의 졸업식마저 오지 못할 정도로, 어머니의 병세는 위중했습니다. 그때 다시 한번, 저는 죽음의 공포를 느끼게 됩니다. 내가 지금 여기서 생각하고 있음이 소멸한다는 공포가 추상적이고 암흑의 빛깔이라면, 어머니의 부재는 실존적이고 눈에 훤히 보이는 두려움이었습니다. 적수공권赤手空拳의 소년이었지만, 할 수만 있다면 온갖 방사들의 멱살을 잡아서라도 불로초를 캐 오라 명하고 싶었습니다.

죽음의 공포에 사로잡혀 안달하던 저는 성인이 되어서 병마와 마주하고 나서야, 평정심을 되찾게 됩니다. 두 번의 기흉 수술을 겪으며 죽음을 다시금 돌이켜보게 된 것입니다. 거칠게 설명하자면, 기흉은 폐에 구멍이 나는 병입니다. 구멍을 메우지 못하면 점점 폐가 쪼그라들어 숨을 쉬지 못하게 되니, 결국 죽음을 맞게 되는 것이죠.

조선시대라면, 저는 진즉에 이 세상 사람이 아닐 겁니다. 전근대 이후 현대의학이 발전한 상황에서 태어난 것을 감사하며, 기흉 수술 이후 삶을 저는 마치 보너스로 주어진 것인 양 감사하며 살고 있습니다. 두 번째 기흉 수술로 40대가 되어 세 번째 마주한 죽음의 공포는 도리어 밝고 환한 미소를 보여주더군요. 살아 있다는 사실에 환호했습니다. 삶이 마치 한바탕 축제처럼 느껴졌습니다. 그저 즐겁게 먹고, 마시고, 이야기하고, 콧노래 부르며 즐기는 축제 말입니다.

문득 축제祝祭의 한자를 살펴보다, 무릎을 치며 감탄했습니다. 기원하다 축祝에 제사 제祭를 합쳐 축제가 되었네요. 오늘날 우리가 흔히 사용하는 여의도 불꽃축제니 신촌 물총축제니 그 축제와는 다소 동떨어진 뉘앙스죠. 본래 축제란 마냥 신나고 즐겁기만 한 행사가 아니었습니다. 망자의 혼령이나 신神에게 인류의 안녕을 빌기 위해 음식과 술을 바치는 제사에서 기원했지요. 서양권도 마찬가지입니다. 축제를 영어로 festival이라고 하는데요, feast에서 파생된 단어로, 그 어원은 '제사 지낼 때 바쳤다가 인간이 돌려받은 고기'를 뜻합니다. 동서양을 막론하고 축제가 제사에서 비롯되었다는 사실은 몇 가지 시사점을 던져줍니다.

우선, 축제를 만끽하려면 먹거리가 풍족해야 합니다. 하지만 인류는 오랫동안 기아에 시달렸습니다. 여전히 굶주림에 시달리는 인구가 수억 명이고, 선진국을 기준 삼아봐도 기아에서 벗어난 지 채 50년도 되지 않습니다. '인류의 역사가 곧 기아의 역사다'라고 말해도 크게 틀린 말은 아니지요. 그러니 부족의 안녕을 빌기 위해 정성스레 차려낸 풍족한 고기, 과일, 술은 축제를 위한 필수 준비물이었음에 틀림없습니다. 한 해 농사의 수확을 기다리며 풍작을 기원하는 추석이나 서양의 추수감사절 등이 대표적인 축제의 원형이라 할 수 있습니다.

다음으로 눈길이 가는 시사점은, 축제의 기저에 깔린 근원적인 정서가 죽음이라는 점입니다. 애니매이션 〈코코〉나 영화 〈007 스펙터〉 덕분에 익숙한 멕시코 망자의 날 축제야말로 죽음과 삶의 기쁨이 실은 하나의 뿌리임을 잘 보여주고 있지요. 아즈텍 문명에서 비롯된 이 축제에서, 멕시코인들은 얼굴에 해골 분장을 하고 퍼레이드를 벌이며 사망한 가족을 기립니다. 제사를 하나의 축제로 즐기는 그들의 모습을 보고 있노라면, 삶과 죽음이 결국 하나라는 장자의 사상을 다시금 상기하게 됩니다.


### 그저 평범한 일상의 소중함

다시, 애공과 공자의 대화로 돌아가볼게요. 노나라의 임금 애공이 애태타哀駘它라는 인물의 훌륭함을 상찬하다가, 용모도 추하고 지식도 변변찮은 그가 대체 왜 수많은 사람의 흠모를 한 몸에 받는지 공자에게 따져 물었습니다. 이에 공자는 애태타는 재주가 온전한 자질을 갖추었으나 덕이 겉으로 드러나지 않았기 때문에, 여러 사람들의 존경과 사랑을 받는다고 설명합니다. 그러자 애공이 다시, '재주가 온전하다'는 표현의 뜻이 무엇인지 묻습니다. 공자의 답은 간명합니다. '죽음과 삶은 사물의 변화와 천명의 흐름'이라고 못을 박습니다. 여기서 '사물의 변화'라는 구절에 주목해야 합니다. 이 역시 《장자》를 관통하는 가장 중요한 핵심 사상입니다.

《장자》에서는 이를 물화物化라고 규정합니다. 장자는 세상만물을 논할 때, 이것과 저것의 구분을 두지 않습니다. 장자가 나비 꿈을 꾸는 건지, 나비가 장자의 꿈을 꾸는 건지 중요치 않다는 말이죠. '이것은 저것에서 나오고 저것은 이것에서 나온다. 생겨나면 죽기 마련이고, 죽으면 생겨나기 마련이다'(내편 제물론)라고 역설합니다.

세상만물을 하나로 여기는 만물일체萬物一體의 사상 아래, 생각의 경계를 허물고 시시비비에 얽매이지 않는 장자에게 죽음이란 별난 사건이나 대단한 행사가 아닙니다. 그저 삶을 살아가는 것과 다름없는 지극히 평범한 일일 뿐입니다. 살아가는 건 동시에 죽어가는 일입니다. 하루하루 살아 있음에 감사하지만, 반대로 매일매일 우리는 죽어가고 있지요. 공자는 우리의 죽음 역시 만물의 변화 속 일부일 뿐이라고 받아들이며, 삶과 죽음을 인간의 지혜로 재단하려 하지 않는 태도야말로 최상의 미덕임을 강조합니다.

이 구절을 통해 저는 또 한 번, 겸양을 배웁니다. 우리는 모두 이 광활한 우주 속에 던져진 작은 존재, 미물일 뿐입니다. 만물의 변화 속에서 우리의 삶 역시 죽음으로 변화하는 것이니, 삶과 죽음의 구분에 호들갑 떨 일이 아니지요. 해가 지고 달이 뜨고 다시 새벽이 오면 동이 트는 것과 마찬가지로, 삶과 죽음의 여정은 그저 평범한 일상입니다. 하여 불로초를 찾아 헤매느라 소중한 삶의 시간을 허비하느니, 차라리 내가 맞이한 오늘을 축제처럼 여기며 살아가야겠습니다. 물론 쉽지 않은 일이지만, 진시황처럼 앞서 지나간 선배들이 있기에, 다행히 우리는 그들의 전철을 밟지 않을 수 있습니다.

## 필사 노트

DATE    /    /

<small>사 생 존 망 궁 달 빈 부</small>
死生存亡窮達貧富
<small>현 여 불 초 훼 예 기 갈 한 서</small>
賢與不肖毀譽饑渴寒暑
<small>시 사 지 변   명 지 행 야</small>
是事之變 命之行也

죽음과 삶, 생존과 멸망, 곤궁과 영달, 가난과 부유함,
현명함과 어리석음, 오욕과 명예, 배고픔과 목마름, 추위와 더위.
이 같은 것들은 모두 사물의 변화와 천명의 흐름이다.

# 하루살이의 삶

죽고 사는 문제는 운명에 해당하는 것으로
마치 밤과 낮이 일정하게 바뀌는 것처럼 자연스런 일이다.
이처럼 세상에는 사람이 어찌할 수 없는 일들이 있다.
그것이 세상만사의 참된 모습이다.
(중략)
성인聖人은 무엇도 잃어버릴 것이 없는 경지에서 노닐며
모든 것을 주어진 그대로 받아들인다.
일찍 요절하는 것도 좋다 생각하고,
오래 장수하는 것도 좋다 생각한다.
삶도 좋다고 여기고,
죽음도 좋다고 여긴다.
이것만으로도 사람들은 그를 본받고자 하는데

하물며 만물이 서로 연결되고

모든 변화가 의탁하는 도道는 어떻겠는가!

⊙ 《장자莊子》 내편 대종사大宗師

중2 시절의 어느 밤, 두 번의 기흉 수술. 이렇게 죽음의 얼굴을 세 차례 맞닥뜨리고, 그 후 삶을 축제처럼 여긴다고 말씀드렸지요? 하지만 어머니의 소천은 달랐습니다. 죽음의 얼굴을 마주한 것이 아니라, 죽음의 실체에게 야멸찬 따귀를 맞은 기분이었습니다. 처음엔 얼얼하다가, 시간이 흐를수록 고통은 선명하고 예리해졌습니다. 이유 없이 눈물이 흘러나오고, 지청구 한 바가지 쏟아붓다가 이내 지쳐 다시 입을 다물었습니다. 누구의 잘못도 아니거늘, 누군가를 원망하지 않으면 견디기 힘들었습니다.

장례를 마치고 서너 달쯤 지났을 때, 찬바람이 스산하게 불어오자 비로소 저는 네 번째 죽음의 얼굴을 마주할 수 있었습니다. 당신의 검소한 삶이 흩뿌린 흔적들이 가여웠고, 해외여행 한번 제대로 하지 못한 당신의 텅 빈 여권이 여간 쓸쓸한 게 아니었습니다. 그러다 문득 삶이 허망하다는 결론에 이르렀고, 그렇다면 '앞으로 어떻게 살아가야 할까?'라는 의문이 머릿속을 어지럽혔습니다.

그러다 접한 《장자》 대종사편은 환하고 산뜻한 깨달음을 안겨주었습니다. 대종사大宗師는 위대한 스승이라는 의미입니다. 도를 깨달은 성인聖人이나 진인眞人을 일컫는 것으로, 대종사편에는 유독 삶을 반추하게 만드는 표현과 비유가 그득합니다. 죽고 사는 문제는 우리 인간이 어찌할 수 없는 영역이거늘, 죽음을 마주하는 저의 태도가 영 시건방졌다는 깨달음이 찾아왔습니다.

드라마 〈미생〉에 이런 대사가 있습니다. "어디서 동정질이야! 한 집안의 가장에게." 대기업 직원인 주인공 장그래(임시완 분)가 하청 업체에서 찾아온 중년의 직원이 이리 뛰고 저리 뛰며 땀 흘리는 모습을 보고는 안쓰러워하자, 오상식 과장(이성민 분)이 내뱉는 대사입니다. 동정의 감정이란 유가儒家에서 말하는 측은지심惻隱之心과 한 뿌리이니, 오과장의 지적이 쉬이 납득이 가지 않습니다. 누군가를 측은히 여기는 마음은 우리의 본성이니까요.

하지만 조금만 깊이 장그래의 감정을 들여다보면, '나는 엄연한 대기업 직원인데, 중년의 직원은 우리 회사의 하청을 받는 중소기업 직원일 뿐'이라는 우월감이 마음속 깊이 뙈리를 틀고 있었던 겁니다. 그래서 오과장은 장그래를 꾸지람했습니다. 하청 업체 직원 역시 한 가정의 가장으로 자신의 천직을 자랑스럽게 여기며 성실하게 수행하고 있는데, '감히 누가 누굴 동정하느냐!'는 일갈이지요.

### 순례객의 마음으로

저 역시 어머니의 죽음을 마주하고, 마치 〈미생〉의 장그래처럼 오만했습니다. 마치 불사신이라도 되는 양, 어머니의 죽음을 동정하고 슬퍼했습니다. 어머니의 소천이 '머지않아 내게도 닥칠 일'이거늘 마치 남의 일인 것처럼 굴었습니다. 대자연의 기나긴 시간 속에서 누가 누굴 '동정질' 할 수 있을까요. 우리 모두는 죽음이라는 종착점을 향해 한 걸음 한 걸음 나아가는 한낱 순례객일 뿐입니다. 누가 먼저 도착했다고 호들갑 떨 일도 아니고, 뒤처졌다고 유난을 부릴 것도 아니지요.

장자가 생각하는 이상적 인간상, 성인聖人에게는 요절이나 장수나 다를 바 없는 똑같은 죽음입니다. 요절도 좋고 장수도 좋다는 표현은 결국 양자의 차이가 없다는 뜻이고, 동시에 이 문제는 인간이 어찌할 수 없는 영역임을 천명하는 겁니다. 그러므로 우리 모두의 죽음은 평등합니다. 누군가는 젊은 나이에 죽는 것을 억울해하고 또 다른 누군가는 미수米壽까지 살아가는 것에 환호할 테지만, 장자의 관점에서 바라보자면 비탄에 빠질 일도 아니요 환호작약할 일도 아닙니다. 삶의 본질은 그저 생명을 얻었던 자연으로 다시 돌아가는 과정이기 때문입니다.

장자가 죽음을 맞이하려 할 때,
임종하던 제자들은 스승의 장례를
성대히 치르고 싶다고 말했다.
하지만 장자는 단호히 거절하며 말했다.
"하늘과 땅이 나의 관과 관뚜껑이 될 것이다.
해와 달은 한 쌍의 구슬 장식이 될 것이다.
온갖 별들이 진주와 옥 장식이 될 것이다.

세상만물이 나의 저승길 선물이 될 것이다.

이 정도면 나의 장례용품은 다 갖추어진 것이다.

여기에 더 무엇을 보태려 하느냐?"

제자들이 다시 간곡히 청했다.

"저희들은 까마귀나 솔개가 선생님을 뜯어 먹을까 두렵습니다."

이에 장자가 다시 답했다.

"위쪽에 놓아두면 까마귀나 솔개가 먹을 것이고,

아래쪽에 두면 땅강아지와 개미가 먹을 것이다.

어차피 어느 쪽이든 먹을 것인데,

위쪽 것을 빼앗아 아래쪽에 주는 것은 불공평하지 않느냐!

어찌 그리 편벽偏僻된 생각을 지닌단 말인가."

⊙ 《장자莊子》 잡편 열어구列禦寇

장자의 사생관이 적나라하게 표출된 대화 장면입니다. 흔히 그저 자신의 장례를 소박하게 치르고 싶다는 의미로 해석할 수 있는 대목이지만, 실상 조금만 자세히 들여다보면 장자의 사상적 뿌리를 여실히 드러내고 있습니다. 장자에게 가장 이상적인 인간상은 결국 변화할 줄 아는 사람입니다. 얼음과 물이 다르다고 생각하면 하수요, 얼음이 녹으면 물이 되고 물이 끓으면 다시 수증기가 되어 날아가는 것임을 파악해야 상수입니다.

우리 인생도 마찬가지예요. 어머니 뱃속에서 태어나 세상에 떨어진 순간, 우리 자신을 특별한 존재라 여기면 삶이 피곤해집니다. 탄생 이후 독립된 개체로 세상을 살아가다가 땅강아지나 솔개의 먹이가 되어 다시금 자연으로 돌아간다고 생각한다면, 장자의 생각처럼 죽음을 함함하게 받아들일 수 있습니다.

화려한 장례용품을 거절하는 그의 마음은 사치를 멀리하고 소박하게 장례를 치르려는 열망이 아니라, 그저 조금 더 쉽게 자연으로 돌아가려는 태도일 뿐입니다. 얼음이 녹아 물이 되었다면, 물은 다시금 수증기가 될 수도 있습니다. 수증기가 구름이 되어 비로 내렸다가, 날씨가 추워지면 또다시 얼음이 되는 것 역시 자연스런 일이자 순환입니다. 우리네 삶이 물인지 얼음인지 수증기인지 모르겠지만, 아무튼 살다가 죽음을 맞이하는 순간은 하나의 순환 과정입니다. 그러니 딱히 곡을 하며 슬퍼할 일도 아니요, 성대한 장례를 치를 일도 아닙니다.

### 죽음에도 연습이 필요하다

그저 덤덤하게 죽음을 받아들인다는 게, 말이 쉬운 일이지 장자와 같은 성인이 아닌 우리네 필부필부匹夫匹婦들에게는 고통스런 과정입니다. 그래서 저는 죽음에도 연습이 필요하다고 생각해요. 세상 무슨 일이든 피나는 연습을 통해 극복할 수 있는데요, 죽음도 예외가 아닙니다. 요즘 들어 웰빙을 넘어 웰다잉을 추구한다며, 임종체험을 하는 다양한 프로그램들이 많지요. 프로그램에 참여하면, 죽음을 앞둔 사람처럼 유언장을 한번 진지하게 작성해보라고 하거나 관에 누워보라고 합니다. 그저 우스운 이벤트 정도라 생각하지만, 막상 체험해보면 전해지는 울림이 큽니다.

저는 어느 하루 진지하게 유언장을 작성해본 경험이 있는데요, 죽음에 대한 사유의 수준이 확연히 깊어지는 것을 느꼈습니다. 언제부턴가 초중고 학생들에게 봉사체험을 필수적으로 시키고 있지요. 그저 대학 입학을 위한 점수 따기가 무슨 소용이냐고 비판하는 사람들도 많지만, 그래도 그렇게나마 봉사를 접한 아이들은 성인이 되면 봉사활동에 참여할 확률이 높아집니다. 마찬가지로 유언장을 써보는 경험이 죽음에 대한 당신의 태도를 조금 더 진지하게 만들 수 있으니, 꼭 한번 실천해보기를 권합니다.

유언장은 가족과 나누는 정서적 교류는 물론이요, 재산 분배와 같은 실용적인 내용조차 삶을 바라보는 여러분의 태도를 반영합니다. 재산을 어떻게 나누느냐는 고민에는 '관계'에 대한 깊은 성찰이 반영되기 때문입니다. 또한 내가 믿고 의지하는 소중한 사람들에게 남기고 싶은 한마디에는 자신의 가치관이 그대로 나타납니다. 예컨대, 여행을 무척 좋아하는 저는 아들에게 '통장잔고가 조금 얇아지더라도, 다리에 힘이 있고 마음이 두근거릴 때 여행을 자주 하렴. 나중에 통장이 두꺼워져도, 가슴이 뛰지 않으면 여행은 더 이상 여행이 아니다!'라고 유언을 남겼습니다.

### 하루 한 번 자기 성찰의 힘

죽음을 자연스레 맞이하기 위한 기막힌 연습이 또 하나 있습니다. 결론부터 말하자면, 매일매일 죽는 겁니다. 무슨 말이냐고요? 고대 그리스인들은 죽음의 신 타나토스와 잠의 신 히프노스를 형제라고 여겼습니다. 잠과 죽음이 본질적으로 하나의 뿌리라는 인식의 반영이지요. 신문 사회면에서 종종 누군가의 죽음을 영면永眠이라는 단어로 표현하기도 하는데요, 직역하자면 '영원한 잠듦'입니다. 매일 밤 잠들기 전 하루를 정리하고 잠자리에 드는 습관을 가지게 되면, 이것이 바로 매일매일 죽는 연습입니다. 인생의 유언장이 있듯이, 하루를 매조지하는 짧은 글을 쓰고 잠들게 되면 이것이 바로 죽음의 연습이죠.

인생의 거창한 계획을 세워 달리시는 분들 많죠? 충분히 존중합니다만, 제 개인적 취향은 아닙니다. 살다 보면 변수가 너무 많더라고요. 아무리 치밀한 계획을 세운들 링 위에 올라가 처맞으면, 스르르 녹아내립니다. 그래서 저는 장기 계획보다는 초단기 계획을 자주 수립하고 실천하려 애씁니다. '오늘 하루 독서를 한 시간 하겠다!'라든지 '일주일 동안 정크 푸드를 입에 대지 않겠다!'와 같은 계획을 세우고 실천합니다. 잠들기 직전 5분의 시간 동안 오늘 하루 어떻게 살았는지 일기를 작성하며, 성찰의 시간을 연습하게 되면 영원히 잠들기 전에 조금은 덜 두려울 겁니다.

조선의 대표적 성군 가운데 하나인 정조正朝 역시 이를 실천하며 매일매일 자신을 돌아봤습니다.

> 증자曾子가 말했다.
> "나는 날마다 세 번 나 자신을 반성한다.
> 다른 사람을 위해 도모하는 데 진심을 다하지 않았는가!
> 벗과 사귀면서 믿음이 없지 않았나!
> 전수받은 것을 익히지 않았는가!
> ⊙《논어論語》학이學而

《논어》의 이 구절 '나는 날마다 세 번 나 자신을 반성한다吾日三省吾身'에서 감명 받은 정조가 매일같이 일기를 작성했으니, 이것이 바로 '매일매일 반성하는 기록'《일성록日省錄》입니다. 흔히《조선왕조실록》만이 유일한 조선의 사료라고 알려져 있지만, 이에《승정원일기》과《일성록》을 더해 조선의 3대 연대기로 분류합니다. 정조는 국정 운영의 전반에 관한 반성의 기록을 남겨 후대의 왕들이 이를 참고하게 했습니다.

세 번의 반성까지야 필요 없겠지만, 적어도 하루 한 번 자신을 성찰하는 나만의《일성록》을 남겨보는 건 어떨까요? 하루 일과를 마치고 짧은 죽음에 빠져든다고 생각하며, 오늘의 언행을 뒤돌아보는 겁니다. 마치 하루살이와 같은 이 죽음의 연습이 삶을 보다 윤택하고 충실하게 만들어주지 않을까요. 시한부 판정을 받은 환자들이 인생의 숨은 뜻을 더 날카롭게 찾아내고 마음에 새기는 것과 같은 이치입니다. 하루살이라면 그만큼 자신의 삶을 소중히 여길 수밖에 없으니까요. 하루살이의 태도는 삶과 죽음을 마치 낮과 밤이 바뀌듯 자연스런 일로 여기는 데 조금이나마 도움이 될 겁니다.

## 필사 노트

DATE    /    /

<ruby>死<rt>사</rt>生<rt>생</rt>命<rt>명</rt>夜<rt>야</rt></ruby>
**死生命夜**
<ruby>其<rt>기</rt>有<rt>유</rt>夜<rt>야</rt>旦<rt>단</rt>之<rt>지</rt>常<rt>상</rt></ruby>
**其有夜旦之常**

죽고 사는 문제는 운명에 해당하는 것으로
마치 밤과 낮이 일정하게 바뀌는 것처럼 자연스런 일이다.

# 오십에도
# 오동치는 마음

자사子祀, 자여子輿, 자려子犁, 자래子來
네 사람이 함께 이야기를 나누고 있었다.
"그 누가 과연 무無를 머리로 여기고,
삶을 척추로 여기며,
죽음을 꽁무니로 여길 수 있을까.
그 누가 사생존망死生存亡이 하나임을 알 수 있을까.
만약 그런 사람이 있다면 그와 벗이 되고 싶다네."
네 사람은 서로 바라보며 웃었다.
서로 마음이 통한다는 걸 확인하고 벗이 되었다.
그 후 자여가 병에 걸리게 되자, 자사가 병문안을 왔다.
자여가 자사에게 말했다.
"(전략) 인간의 삶이란 그저 태어난 때를 만난 것일 뿐이며,

죽음 또한 자연스런 도리를 따르는 것이라네.
적절한 때를 따르고 도리에 순응한다면,
슬픔이나 기쁨이 마음속에 끼어들지 못하네.
예부터 '속박에서 해방되다'라는 말이
바로 이를 가리키는 것이네.
그런데 스스로 속박에서 벗어나지 못하는 이유는
물욕에 깊이 얽매여 있기 때문이네.
물욕이 하늘의 도리를 이기지 못한 지 오래인데,
내가 어찌 이런 병을 싫어하겠나!"

⊙ 《장자莊子》 내편 대종사大宗師


다시, 물욕의 화신 진시황의 이야기로 돌아갑니다. 진시황은 여러 곳에 방사를 보내 불로장생의 영약을 구해 오라 다그쳤지만, 실은 그 자신도 죽음은 피할 수 없는 불청객임을 알았나 봅니다. 중국 최초 통일 제국의 황제 자리에 오른 지 얼마 되지 않아, 황릉 건설을 지시했으니 말입니다.

사마천의 《사기》 진시황본기秦始皇本紀에 따르면, 진시황은 즉위하자마자 죄수 70만 명을 동원해 여산酈山에 공사를 시작합니다. 지하수가 세 번 돌 정도로 땅을 깊게 파고, 구리를 부어 외곽을 만들었으며, 장인匠人에게 기계 쇠뇌를 만들어 황릉에 접근하는 자가 있으면 발사하게 했고, 수은으로 강과 바다를 만들고, 위로는 하늘의 모습을 아래로는 땅의 형상을 갖추었습니다. 사마천의 묘사만으로도 입이 떡 벌어지는 장관이지요.

　세계적으로 가장 많은 부장품을 품고 있는 진시황릉의 발굴은 여전히 현재진행형입니다. 그 규모와 병마용을 비롯한 황릉 내부의 부장품 규모를 가늠해보자면, 진시황의 영생을 갈구하는 욕망이 얼마나 거대했는지 알 수 있습니다. 불로초를 구하지 못할 바에야 황릉을 통해서나마 영원히 살고자 발버둥 친 겁니다.

　인간은 자신이 누릴 부와 명예를 모두 이루고 나면, 어떻게든 죽음을 지연하고자 노력하게 됩니다. 천하를 통일한 황제들은 하나같이 자신의 황릉을 화려하고 거대하게 만들기 위해 온갖 수단을 마다하지 않았습니다. 세상에서 성취할 수 있는 것을 모두 이룬 자의 탐욕이지요. 육신이 영원히 살 수 없다면, 자신의 위세만큼은 영생하길 바라는 겁니다. 오늘날 세계 관광객들의 사랑을 받고 있는 불가사의 건축물들은 결국 영생의 욕망에서 비롯되었습니다. 진시황릉을 필두로 이집트의 피라미드, 인도의 타지마할, 캄보디아의 앙코르와트가 대표적인 예입니다.


**욕망은 물질로 치환되고**

　영생의 욕망을 거대한 건축물로 치환하려는 권력자들의 습성은 동서고금을 막론하고 어찌나 한결같은지요. 이스터 섬의 모아이 석상 아시죠? 태평양에 위치한 작은 섬들에 거대한 석상 600여 개가 흩어져 있는데요, 라파누이족이 13세기 무렵 화산석을 조각하여 세운 겁니다. 모아이 석상은 대개 해안가 근처에 한 방향을 바라보며 일렬횡대로 서 있습니다. 크기가 무려 10미터에 달하는 석상이 있는가 하면, 무게는 100톤이 넘는 것도 있다고 하니 석상의 규모가 대략 가늠이 되시죠.

인간의 얼굴을 입체적으로 조각한 석상의 특성상 산 정상 부근의 무른 화산석을 재료로 삼아야 했습니다. 크레인도 없던 그 시절 정상에서 해변까지 석상을 끌어왔으니, 얼마나 많은 노동력이 소요되었을지 짐작이 갑니다. 그럼에도 불구하고 여러 부족장들은 자신의 권위를 과시하기 위해 경쟁적으로 석상을 제작해 해변으로 옮겼고, 오늘날 세계의 불가사의 가운데 하나로 꼽힙니다.

라파누이족의 경우와 마찬가지로 각 지역 족장들의 욕망은 한 켜 한 켜 증폭되어 타지마할, 피라미드, 진시황릉 따위가 되었습니다. 물질로 치환된 영생의 욕망이 조금 가소로우신가요? 흔히 지독한 수전노들에게 '죽으면 이고 지고 싸가지고 저승에 갈 거야?'라고 핀잔을 내뱉곤 하지요. 진시황에게도 한마디 날릴 수 있겠네요. 수많은 병마용을 짊어지고 저승 갈 거냐고 말이지요.

하지만 어느 순간 제 마음속에도 작은 병마용 몇 개가 자리 잡고 있음을 고백합니다. 평생 동안 저는 물욕에 초연하다 자부하며 살았습니다. 레버리지를 일으켜 분수에 맞지 않는 집을 산 경험도 없고, 남들이 주식이다 코인이다 열광할 때도 '재테크는 내 영역이 아니다'라는 초연한 마음으로 꾸역꾸역 노동 소득에만 열을 올렸습니다. 자동차 욕심도 없고, 값비싼 시계에 눈독 들인 적도 없습니다. 행복의 척도 가운데, '욕망이 분모요 가진 자산이 분자'라는 말이 있지요. 비록 가진 돈이 많진 않아도, 워낙 욕망이 적으니 나름 행복하게 살았습니다.

그런데 말입니다. 지천명에 이른 요즘 유독 욕망이 꿈틀대고 있음을 강렬히 느낍니다. 여전히 좋은 차, 좋은 옷에 대한 욕심은 없습니다. 평범한 국산 자동차를 10년 가까이 몰고 있고, 제 돈 주고 옷을 사본 기억이 거의 없어요. 새 바지나 셔츠를 구입한 지 대여섯 해는 족히 넘은 것 같습니다. 제 또래 친구들이 환장하는 골프 라운딩 한 번 간 적 없고, 값비싼 위스키나 와인을 즐기지도 않습니다.

하지만 딱 하나 요즘 자꾸 물욕이 생기는 관심사가 있으니, 바로 자식과 관련된 부분입니다. 평범한 월급쟁이가 집 한 채 마련하려면, 먹지도 입지도 않고 봉급을 꼬박 다 모아도 수십 년이 걸린다는 기사를 접할 때마다 근심이 쌓여갔습니다. '내 자식은 집이라도 한 칸 마련할 수 있으려나…' 걱정이 거듭될수록 재테크를 적극적으로 해야겠다는 생각이 들더군요. 평생 가져보지 못한 돈 욕심 앞에 적잖이 당황스러웠습니다.

제 마음속에 없던 물욕을 만들어낸 원인이 무엇일까 곰곰이 생각해봤습니다. 자식이 잘 살길 바라는 부모의 마음이야 그저 자연스런 인간의 본성이라 여겨왔습니다. 하지만 리처드 도킨스의《이기적 유전자》는 그 아래 파묻힌 불편한 진실을 알려줬지요. 진화생물학적 관점에서 바라보자면, 자식의 아파트를 걱정하는 부모의 마음은 결국 자신의 유전자가 더 오랫동안 왕성하게 살아남기를 바라는 욕망의 발현입니다. 이기적 유전자의 준엄한 명령이 그간 없던 물욕을 일으키고, 마음의 평화를 깨뜨렸습니다.

### 내 마음의 병마용을 어찌하나

'아, 내 마음속에도 영생을 꿈꾸는 병마용이 여러 개 있구나!' 깨달음이 찾아온 순간, 더 이상 진시황을 힐난할 수 없게 되었습니다. 그와 저의 차이는 그저 능력의 수준이 다른 것일 뿐, 결국 속내는 한 가지라는 것을 알게 된 순간, 자괴감과 당혹감이 너울 치듯 몰려왔습니다. 자여의 한마디가 가슴에 와닿는 순간이었지요.

인간의 삶이란 그저 태어난 때를 만난 것일 뿐이며,
죽음 또한 자연스런 도리를 따르는 것이라네.
적절한 때를 따르고 도리에 순응한다면,
슬픔이나 기쁨이 마음속에 끼어들지 못하네.
예부터 '속박에서 해방되다'라는 말이
바로 이를 가리키는 것이네.
그런데 스스로 속박에서 벗어나지 못하는 이유는
물욕에 깊이 얽매여 있기 때문이네.

마음속 병마용을 치워내기 전에는 꼼짝없이 희로애락에 갇혀 죽음의 그물에서 벗어나지 못할 판입니다. 물욕이 요동쳐 와 마음이 시끄러울 때면, 저는 항상 오키나와의 하늘을 떠올리며 심란한 심사를 다스립니다. 벌써 십여 년 전 일이네요. 오키나와 국제공항에 닿은 저와 가족들은 가방을 부리며, 모노레일을 타기 위해 공항을 나서려 했습니다.

그 순간 쨍쨍한 하늘에서 갑자기 비가 내리기 시작하더군요. 소나기처럼 거센 빗줄기가 쉼 없이 내렸고, 한 십여 분을 우산도 없이 우두커니 서 있었습니다. 외국인 가족이 놀러왔다가 비에 갇힌 모습이 불쌍했던지, 한 공항 직원이 다가오더군요. 알아듣지 못하는 일본어를 주워섬기며 손짓 발짓까지 더해 의사소통을 했습니다. 직원이 가리키는 방향을 살펴보자 우산이 여러 개 비치되어 있었고, 우리가 사용해도 되냐고 했더니 엄지를 치켜세우며 고개를 끄덕였습니다. 우산을 쓴 채 모노레일을 타고 숙소에 도착한 후 인터넷 검색을 하고 나서야, 비로소 그 우산의 정체를 알게 되었습니다.

오키나와의 기후가 워낙 변덕스럽고 갑자기 소나기 내리는 경우가 많아, 공항을 비롯한 공공장소마다 우산 거치대가 마련되어 있는데, 필요한 사람은 가져다 쓰고 다시 거치대에 돌려놓으면 되는 시스템입니다. 며칠 동안 오키나와를 관광하며 여러 차례 우산을 사용했고, 비가 그치면 다시 어딘가 거치대에 두고 오는 경험을 반복하며 이 희한한 관습에 매료되었습니다. 필요한 사람에게 우산이 전해지고 사용한 후에는 다시 반납하는 자율성과 아무도 우산을 자신의 집으로 가져가지 않는 도덕성의 결합이 만들어낸 오키나와 특유의 무료 우산 제도는 주민과 관광객 모두를 행복하게 만들어주었습니다.

꼭 필요한 물건을 필요한 때에 소유하는 것은 물욕이 아닙니다. 물욕이란 이미 차고 넘치는데도 불구하고 더 가지려 하는 것이지요. 오키나와에서 무료 우산을 사용했던 경험은 물욕을 제어하기 위한 수련의 단초를 제공해줍니다. 오직 필요한 것에만 집중하는 연습이지요.

인간이 결국 죽음을 맞이하는 것은 자연의 이치이거늘, 이를 거스르고 영생하려는 발버둥은 얼마나 불필요한 일이던가요. 생물학적 영생은 물론이요, 자신만의 병마용을 소유하려는 정신적 영생 또한 부질없는 짓거리죠. 나의 존재를 영원토록 증명할 만한 거대한 건축물이나 자손에게 대대손손 물려주려는 재산 역시 나의 실존과는 거리가 먼 것들입니다. 지금 이 순간 내가 살아 숨 쉬고 있다는 사실에 집중하세요. 거짓 영생을 위해 부대끼며 살아가는 것이야말로 자신의 실존에 가장 치명적인 잘못을 저지르고 있는 겁니다.

**오직 필요한 것에만 집중하는 연습**

산티아고 순례길이나 제주 올레길을 몇 주 혹은 몇 달 동안 걷는 경험을 하신 적 있나요? 저 역시 아직은 이루지 못한 버킷리스트입니다만, 직장을 은퇴하면 제일 먼저 하고 싶은 여행입니다. 산티아고 순례길을 완주한 수많은 사람의 소감을 책이나 잡지기사를 통해 접해본 결과, 대체로 '뭘 얻었는지 모르겠다'고 하더군요. 그냥 하루하루 걸어서 산티아고 데 콤포스텔라 성당에 도착하니, 뭔가 뿌듯하기도 하고 허탈하기도 하다는 소감이 대부분이었지요. 하지만 아직 걷지도 않은 저는 순례객들이 뭘 얻었는지 알고 있습니다. 그들이 발이 부르트도록 고생하며 수백 킬로미터를 걸어 얻어낸 것은 바로 '욕망을 비워내는 연습'입니다.

매일같이 수십 킬로미터를 걷고, 알베르게라 불리는 숙소에 도착해 빨래를 하고, 주린 배를 음식으로 채우고, 씻고 다시 잠드는 수도승 같은 생활이 주는 선물은 '단순한 삶의 기쁨'입니다. 순례길을 걷는 동안 순례객의 관심은 오로지 무릎이나 발목 통증 없이 잘 걷는 것, 숙소에 내 몸 하나 뉘일 침대 하나 확보하는 것, 그리고 땀범벅인 몸을 씻어낼 따뜻한 샤워, 허기진 배를 달랠 고기와 빵뿐입니다. 그야말로 의식주의 해결만을 바랄 뿐이지요.

사람이 어찌 밥만 가지고 사냐고 반문하실 분들도 많을 겁니다. 물론 의식주의 해결과 생존이 인류의 본질은 아니겠지요. 하지만 음식을 비롯한 모든 물자가 풍부해진 현대인에게 가끔은 결핍이야말로 소중한 경험이 될 수 있습니다.

많은 종교에서 금식 기간을 지정하는 이유도 여기에 있습니다. 내가 당연하게 여기는 음식이 사라졌을 때, 우리는 감사함을 경험합니다. 그리고 다시금 음식을 먹게 되었을 때, 우리가 누리는 것들이 얼마나 고마운 것인지 깨닫게 되지요. 물질적 쾌락과 방종에서 벗어나, 정신적 성장을 이루게 되는 과정입니다. 라마단이나 사순절은 단식을 넘어서 영적 깨달음으로 발전할 때, 비로소 그 참된 의미를 찾게 되는 겁니다.

진정한 영생에 가장 가까이 다가가는 방법은 '지금 이 순간 자신의 삶을 온전히 누리는 것'입니다. 세상 누구도 영원히 살 수는 없겠지만, 비슷하게나마 그 길로 다가가는 방법은 있습니다. 주어진 생生의 순간을 한 톨 한 톨 소중히 여기며 음미하는 겁니다. 거짓 욕망에 휘둘리지 않고 내게 정말로 필요한 것에만 집중하는 삶이야말로 '사생존망死生存亡이 하나'임을 깨닫는 삶이지요. 오늘도 영원히 살고자 하는 그대여! 부디 속박에서 벗어나길 바랍니다.

# 필사 노트

DATE    /    /

**孰知死生存亡之一體者**
숙 지 사 생 존 망 지 일 체 자
**吾與之友矣**
오 여 지 우 의

그 누가 사생존망이 하나임을 알 수 있을까.
만약 그런 사람이 있다면 그와 벗이 되고 싶다네.

# 무엇을 피하고
# 무엇을 따를까

천하 세상에 지극한 즐거움이란 게 있기는 할까?

자신의 몸을 활기차게 하는 방법이 있기는 할까?

지금 우리는 무엇을 해야 하고, 무엇에 의지해야 할까?

무엇을 피하고, 무엇에 머물러야 할까?

무엇을 따르고, 무엇을 떠나야 할까?

무엇을 즐기고, 무엇을 혐오해야 할까?

무릇 세상 사람들은 부유함, 귀함, 장수, 명예를 소중하게 여긴다.

사람들이 즐기는 것으로는

일신의 안락, 맛난 음식, 아름다운 의복, 좋은 빛깔, 음악이 있다.

사람들이 싫어하는 것으로는

가난, 천함, 요절하는 것, 불명예가 있다.

사람들이 괴로워하는 것으로는

일신이 편치 않은 것, 입으로 맛난 것을 먹지 못하는 것,
아름다운 의복을 걸치지 못하는 것,
눈으로 좋은 빛깔을 보지 못하는 것,
귀로 음악을 듣지 못하는 것이 있다.
만약 이런 것들을 얻지 못한다면
사람들은 크게 걱정하고 두려워한다.
이토록 사람이 육신을 위해 하는 일이란
얼마나 어리석은 짓인가!
무릇 부자들은 몸을 괴롭히면서까지 바삐 일하며
많은 재물을 축적하지만,
다 쓰지도 못하고 죽는다.
이것 또한 육신만을 위한 것이니
지극한 즐거움의 도道에서 벗어난 것이다.
무릇 신분이 존귀한 자들은
밤낮으로 자신의 명성이 부침하는 것에 대해
생각하고 또 생각한다.
이것 또한 육신만을 위한 것이니
지극한 즐거움의 도道에서 소원해진 것이다.
사람의 인생은 근심 걱정과 함께하기 마련이다.
장수하는 사람들이란 늙어 정신이 혼미해진 채
근심 걱정하면서도 목숨이 붙어 있는 것이니,
이 얼마나 괴로운 일인가!

이것 또한 자신의 육신만을 위한 것이니,
지극한 즐거움에서 멀어진 것이다.

⊙ 《장자莊子》 외편 지락至樂

다시, 불로장생을 꿈꾸던 진시황 이야기로 돌아갑니다.《장자》를 일독하다 보면, 머릿속에 가장 많이 떠오르는 인물이 바로 진시황입니다. 장자의 가르침 가운데 '이렇게 살면 안 된다'라는 목록을 처음부터 끝까지 더할 나위 없이 성실하게 실천한 인물이 진시황이기 때문입니다. 탐욕의 화신, 진시황이 어떻게 천하를 통일했는지 파악하기 위해선, 그 출생의 비밀을 파헤쳐봐야 합니다.

### 여불위와 진시황의 공통점

일확천금一攫千金이란 표현은 흔하게 사용합니다만, 일자천금一字千金이란 말도 있습니다. '글자 하나에 천금을 얻는다'는 표현이지요. 이 사자성어를 낳은 주인공은 춘추전국시대 여불위呂不韋란 인물입니다.《사기》에 따르면, 여불위는 한韓나라 출신으로 여러 곳을 오가며 물건을 팔아 거부가 되었다고 기록되어 있습니다. 당시로서는 천대받던 상업을 이용해 거부를 쌓은 여불위는 이에 만족하지 못하고 전국구 명사가 되기 위해 온갖 수단을 동원하게 됩니다. 훗날 진나라의 재상이 된 여불위는 여러 식객을 받아들이고, 끝내 자신의 이름을 붙인 저서까지 만들어내니 그것이 바로《여씨춘추呂氏春秋》입니다.

본디 《춘추》란 공자가 편찬했다 전해지는 중국 최고의 역사서로 엄중한 역사인식과 대의명분이 가미된 저작물입니다. 《삼국지연의》의 주인공 관우가 전장에서도 늘 지니고 다니며 읽었다고 해서 유명한 역사서죠. 여불위는 바로 이 《춘추》의 위상과 필적하는 저작물을 내놓으려 노력했습니다. 마침내 춘추전국시대 사상을 집대성한 26권 160편으로 구성된 《여씨춘추》를 함양咸陽의 저잣거리에 전시해놓고 '만약 누군가 이 책에서 한 글자라도 고칠 수 있다면 천금을 주겠다!'라는 방을 걸어놓았습니다. 《여씨춘추》에 대한 그의 자부심과 애정이 느껴지는 대목이지요.

거상이 된 여불위는 조趙나라의 수도 한단邯鄲에 자리 잡고는 자신의 인생을 송두리째 바꿔버릴 야심 찬 꿈을 꾸게 됩니다. 당시 한단에는 강대국 진秦나라의 왕자인 자초子楚가 볼모로 잡혀 와 생활하고 있었습니다. 자초로 말할 것 같으면 진나라 통일의 기초를 닦은 군주 소양왕昭襄王이 태자로 임명한 안국군安國君의 아들이었습니다. 조나라 입장에서 보자면, 장차 대업을 이을 황태자의 아들이 양국 간의 외교적 협력 관계를 유지하기 위해 한단에 와 있었던 것이죠. 여불위는 이 자초에게 눈독을 들이게 됩니다. 비록 지금이야 볼모 신세로 남의 나라에 와 있는 처량한 신세지만, 만일 안국군이 왕위를 이어받게 되고 자초가 다시 안국군의 태자로 임명된다면, 당대 최강대국의 왕과 긴밀한 관계를 맺는 셈이 되는 것이죠.

여불위는 자신이 가진 금력을 적극 활용해 자초를 지원합니다. 여불위는 서자에 불과한 자초의 처지를 파악하고는 그를 태자로 만들기 위해 묘안을 냅니다. 안국군이 총애하던 정실 화양부인華陽夫人에게 아들이 없음을 간파하고는 막대한 뇌물 공세를 벌여 자초를 양자로 들이게 했고, 결국 이 작전은 보기 좋게 성공합니다.

마침내 자초는 안국군의 뒤를 이어 왕위에 오르니 그가 바로 진나라 장양왕莊襄王입니다. 자초는 한단에 머물던 시절 여불위가 주최했던 잔치를 즐기다 조희趙姬라는 여인의 미모에 반해 자신의 처소로 데려갔습니다. 하지만《사기》여불위열전呂不韋列傳에 따르면, 조희는 당시 부호의 딸로 여불위의 여인이었습니다. 여불위는 부아가 치밀었지만, 이미 자신이 기획한 거사가 틀어질까 두려워 조희를 포기했지요. 자초와 조희 사이에 사내아이가 태어나게 되니, 그 아이가 바로 훗날 진시황이 되어 천하를 통일하게 되는 영정嬴政입니다.

장양왕이 왕위에 오른 지 얼마 지나지 않아 죽고, 진시황이 등극하게 되자 여불위는 국무총리 격인 상방相邦이란 자리에 오르게 됩니다. 아직 어렸던 진시황은 그를 중보仲父라 부르며 깍듯하게 대하니, 천하의 실권이 모두 여불위의 손에 들어가게 되었습니다. '아버지에 버금가는 존재'라는 의미를 지닌 중보란 호칭에서 드러나듯, 여불위의 존재감은 그저 실세 재상을 뛰어넘어 진시황과의 친밀한 관계를 암시하고 있었습니다. 세간에는 진시황의 생물학적 아버지가 여불위라는 소문이 파다했고, 정통 역사서인《사기》나《자치통

감資治通鑑》에서도 이를 인정하고 있습니다. 반고의《한서漢書》에는 아예 진시황의 이름을 영정이 아닌 여정呂政으로 기록하고 있지요. 조희가 여불위와의 사이에서 이미 아들을 잉태한 채 자초에게 시집갔다는 설명입니다.

  진시황의 생부가 누구인지는 알 수 없지만, 여불위가 진시황 재위기에 나는 새도 떨어뜨릴 만큼 권세를 누렸다는 점은 틀림없는 사실입니다. 남편과 사별한 조희가 자꾸 여불위를 자신의 처소로 부르자, 발각될까 두려워진 그는 조희를 별궁에 머물게 했습니다. 밤마다 남자를 찾는 조희를 위해 여불위는 별궁으로 건장한 남성들을 내시인 척 꾸민 채 들였습니다. 그 가운데 노애嫪毐라는 환관이 조희와 간통하며 그녀의 신임을 한 몸에 받았지요. 노애의 권세가 얼마나 대단했던지, 그의 집에는 부리는 노복이 수천 명에 달하고 벼슬을 구하려는 식객 역시 천여 명에 이르렀다는《사기》의 기록이 남아 있습니다.

  권력에 취한 노애는 마침내 반란을 획책하다 발각되었고, 형장의 이슬로 사라졌습니다. 여불위는 노애의 반란과 무관했지만, 결국 노애를 궁에 넣어 역모의 씨앗이 자라게 했다는 원죄를 추궁당하며 권좌에서 쓸쓸히 물러날 수밖에 없었습니다. 성인이 된 진시황에게 여불위는 눈엣가시였겠죠. 여불위는 진시황의 친정이 가속화되며 자신의 재집권은 불가능함을 깨닫고, 끝내 음독으로 자신의 삶을 마무리했습니다.

  여불위의 파란만장한 삶을 바라보며 어떤 생각이 드시나요? 비천한 상인의 신분에서 거부를 쌓아 결국 당대 최강대국 진나라의 실권을 거머쥔 불세출의 위인이 보이나요. 아니면 돈과 명예를 위해 끝 간 데 없는 탐욕을 부리다 사라져간 욕망의 화신이 보이나요. 판단은 각자의 몫이겠지만, 분명한 건 여불위의 삶과 그의 친자라 간주되는 진시황의 삶이 놀랍도록 닮아 있다는 점입니다. 둘은 어려운 환경 아래에서 불굴의 의지로 누구나 인정할 수밖에 없는 공적을 성취해냈지만, 결국 하늘 끝까지 날아오르다 이카로스처럼 추락하는 운명을 받아들일 수밖에 없었습니다.

### 한단지몽의 교훈

여불위와 자초의 운명적 만남이 이루어졌던 한단이란 도시는 너무도 유명한 고사성어의 배경입니다. 마치 여불위의 탐욕을 꾸짖기라도 하는 듯한 한단지몽邯鄲之夢이란 사자성어를 살펴볼까요. 문자 그대로 '한단의 꿈'이란 뜻으로 일장춘몽一場春夢, 남가지몽南柯之夢과 더불어 삶의 덧없음을 표현하는 대표적인 사자성어입니다. 당나라의 역사가 심기제沈旣濟의 저작인 《침중기枕中記》가 그 출전이고, 이야기는 다음과 같습니다.

당나라 현종 재위기 여옹呂翁이란 도사가 있었는데, 하루는 한단의 한 주막에서 쉬고 있었습니다. 그때 허름한 차림새의 노생盧生이란 젊은이가 주막으로 들어와 신세 한탄을 하다가, 여옹의 베개를 빌려 까무룩 잠이 들었습니다.

노생이 베고 누운 베개 양쪽에 구멍이 있었는데, 구멍이 점점 커지더니 사람이 들어갈 정도가 되었습니다. 노생은 기이하게 여기며 그 구멍 안으로 들어갔더니, 훌륭한 집과 마을이 있었습니다. 노생은 그 집에서 최씨 부인과 혼례를 맺고, 공부에 정진하여 과거에 급제하고 여러 벼슬을 거쳐 이부시랑吏部侍郎 자리까지 올랐습니다. 한때 모함으로 좌천되기도 했으나 끝내 재상의 반열에 올라 황제를 보필하게 되었지요. 하지만 모반 사건에 연루되어 벌을 받게 되자, '고향에서 농사나 지으며 소박하게 살걸…'이라며 후회하면서 자결을 하려 했습니다. 아내의 만류로 자결을 멈춘 노생은 몇 년이 지나 무죄임을 입증 받았고, 다시금 황제의 총애를 얻으며 요직을 맡게 됩니다. 그 후 여러 아들과 손자를 다복하게 두고 행복하게 살다가, 마침내 노환으로 죽음을 맞이하게 됩니다.

　그때 노생은 잠에서 깨게 되고, 파란만장하고 영화로운 인생은 모두 꿈이었음을 깨닫게 되지요. 노생이 일어나 주위를 살펴보니, 주모가 푹 끓이던 조가 채 익지도 않았습니다. 그만큼 짧은 시간 동안 잠들었던 겁니다. 노생이 기이하게 여겨 "이것이 어찌 꿈일 수 있단 말인가!"라고 한탄하자, 여옹이 답했습니다. "인생지사도 이와 같은 것이라네."

　심기제가 여불위를 생각하며 한단지몽 고사를 창작했다는 기록을 찾지는 못했습니다. 하지만 아무래도 고사의 배경이 한단이라는 점과 굳이 여옹이라는 '여'씨 성의 도사를 등장시키는 점을 고려해보건대, 한단지몽을 생각하면 여불위가 떠오를 수밖에 없습니다다. 서포 김만중이 창작한 《구운몽九雲夢》을 비롯해 인생무상을 논하는 이야기는 우리에게 무척이나 익숙합니다. 한단지몽 고사 역시 이러한 이야기의 원형 가운데 하나일 뿐이죠. 과거에 급제하고 결혼을 하고 자식을 낳고 높은 벼슬자리에 올랐다가 역모로 몰려 나락으로 떨어지고 다시 누명을 벗고 황제의 총애를 받다가 생을 마감하는 파란만장한 인생살이도 한낱 꿈에 지나지 않는다는 이야기 말입니다.

### 인생을 허비하지 않으려면

우리 모두가 좇는 부와 명예, 장수長壽가 지극한 즐거움인 줄 알지만, 장자는 그것이 진정한 지락至樂의 길과는 거리가 멀다고 주장합니다. 특히나 그 가운데 오늘날 우리가 가장 마음 깊이 새겨야 할 점은 바로 재물을 추구하는 삶의 태도입니다.

> 무릇 부자들은 몸을 괴롭히면서까지 바삐 일하며
> 많은 재물을 축적하지만,
> 다 쓰지도 못하고 죽는다.

먹거리가 부족하고 생필품이 귀하던 이천 년 전에도 장자는 다 쓰지도 못하고 죽는 사람들의 어리석음을 비웃고 있습니다. 우리 주변에도 이러한 어리석음은 발에 차이도록 흔합니다. 몸을 괴롭힌다는 것은 시간을 누리지 못하는 것을 의미합니다. 잠을 줄여가며 돈을 벌고자 발버둥 치고, 끼니를 걸러가며 부를 쌓고자 용틀임하는 사람들의 모습을 보고 있노라면 안타까운 마음이 밀려옵니다. 하지만 이내 그 안타까움은 제 자신을 향하고 있음을 깨닫게 됩니다. 대체 뭘 얻고자 이렇게 아등바등하는지 스스로에게 질문해보지만, 답은 쉽사리 나오지 않습니다.

대단한 부자가 아니더라도 우리는 세상을 떠날 때 뭔가를 남기고 죽습니다. 우리가 흔히 '짐승만도 못한 놈'이란 욕을 내뱉곤 하지만, 실상 짐승들은 자신이 필요한 먹이 이상을 탐하지 않습니다. 배불리 먹었으면 그만이지 먹이를 쌓아놓지 않아요. 오직 인간만이 먹고 남는 재화를 축적하는 데 자신의 온 힘을 다하고 자신에게 주어진 시간의 대부분을 허비합니다.

시간과 재화. 이 둘 사이에 완벽한 균형을 이루어낸 사람을 흔히 현자賢者 혹은 성인聖人이라 칭하죠. 하지만 필부들은 시간을 낭비하다 아무것도 이루지 못하고 세상을 떠나거나, 반대로 오로지 재화를 모으는 데 모든 정력을 소진하다 제대로 써보지도 못하고 죽어갑니다. 장자의 관점에서 바라보자면, 전자보다 오히려 후자가 더욱 안타까운 일입니다. 헨리 데이비드 소로의 《월든》에는 후자에 해당하는 사람들의 어리석음을 꼬집는 유명한 구절이 있습니다. 영어에 'a stitch in time saves nine'라는 표현이 있는데요, '제때의 바느질 한 땀이 나중에 아홉 땀의 수고를 던다'는 뜻입니다. 소로는 이 표현을 인용하며 이렇게 일갈합니다.

· 249

왜 우리들은 이렇게 쫓기듯이 인생을 낭비하며 살아야 하는가!
우리는 배도 고프기도 전에 굶어 죽을 각오를 한다.
사람들은 바느질 한 땀이
나중에 아홉 땀의 수고를 던다고 하면서,
내일의 아홉 땀 수고를 덜기 위해 오늘 천 땀을 꿰매고 있다.
⊙ 《월든》


**3 대 7의 법칙**

　시간과 재물이라는 두 가지 소중한 재화를 선형계획법에 따라 균형을 이루며 소비해야 하는데, 우리는 대체로 귀중한 시간을 허비하고 재화를 남기며 죽어갑니다. 이것이 바로 장자가 표현한 '몸을 괴롭히면서까지 재물을 축적하고 다 쓰지도 못하고 죽는' 삶입니다. '3 대 7'의 법칙이란 게 있는데, 혹시 들어보셨나요? 아무리 재산이 많은 부자나 빈자나 고작 3할만 쓰고, 7할은 유산으로 남긴다고 합니다. 우리가 늘 손에 달고 사는 스마트폰의 기능도 고작 3할 정도만 사용할 뿐이라는데, 우리는 대체 왜 항상 최고급 사양의 스마트폰을 찾는 걸까요.

　재물을 탐내다 병이 들고, 권세를 탐하다 기력을 소진하게 된다.
한가로이 지낼 때는 색욕에 빠지고,
몸이 성할 때는 탐욕에 빠지니

이는 곧 병이 들었다 할 수 있다.
부를 얻기 위해 이득 나는 곳으로만 나아가기에 귀를 막고
욕망이 가득해 위험이 도사리고 있어도 피할 줄 모르며,
탐욕을 버릴 줄도 모르니,
이는 곧 부끄럽다 할 수 있다.
재물이 쌓여 있는데도 쓸 줄을 모르며
가슴 가득 욕심을 버리지 못하니,
마음속으로 불안하고 초조하면서도
끝 간 데 없이 이익만을 좇는다.
이는 곧 걱정스럽다 할 수 있다.

⊙ **《장자莊子》 잡편 도척盜跖**


앞서 말했듯이 여불위가 자신의 식객들을 통해 당대의 학문과 사상을 집대성해 내놓은 저작이 바로 《여씨춘추》인데요, 이 책에서 글자 하나만이라도 고칠 수 있다면 천금을 주겠다는 그의 제안에는 자신감과 과시욕이 그득 담겨 있습니다. 하지만 아이러니하게도 정작 여불위는 자신의 저작에 담긴 교훈을 온전히 실천하지 못했습니다. 《여씨춘추》에 실린 손숙오孫叔敖의 이야기를 여불위가 가슴에 새겼다면, 그의 말년이 조금은 평화롭지 않았을까요.

손숙오는 춘추전국시대 초나라의 재상으로 장왕莊王을 섬겨, 초나라가 춘추오패에 드는 강대국으로 성장하는 데 큰 역할을 담당했습니다. 특히나 손숙오는 화폐나 수레 등과 관련한 백성들의 가

려운 곳을 긁어주고, 장왕에게 위민정치를 간하여 초나라가 태평성세에 들어설 수 있는 초석을 마련해 칭송이 자자했지요. 명재상 손숙오는 병이 들어 죽게 되자, 자식들에게 다음과 유언을 남겼다고 전해집니다.

> 임금께서 여러 차례 나에게 봉지封地를 내리려고 했지만,
> 나는 받지 않았다.
> 만약 내가 죽으면 임금께서는 너에게 봉지를 내릴 터인데,
> 절대로 비옥한 토지를 받아선 아니 된다.
> 초나라와 월나라 사이에 침구寢丘라는 땅이 있는데,
> 이 땅은 기름지지 않고, 그 이름도 불길하다.
> 초나라 사람들은 귀신을 두려워하고
> 월나라 사람들은 조짐을 믿으니,
> 길이 소유할 만한 곳은 이 땅뿐이다.
> ⊙ 《여씨춘추呂氏春秋》 이보異寶

자신이 편찬하고 단 한 글자만 바꿀 수 있어도 천금을 주겠노라 약속한 《여씨춘추》이거늘, 여불위는 왜 손숙오의 유언에 귀를 기울이지 못해 끝내 비참한 최후를 맞이해야 했을까요. 여불위가 어리석다 손가락질할 수도 있겠지만, 저 역시 여불위와 크게 다르지 않음을 먼저 고백합니다. 《장자》의 구절을 늘 되뇌지만, 현실 속 저의 삶은 탐욕에 이리저리 흔들립니다. 손숙오의 혜안이 없으니, 뭐가

진짜 보배인지 알아채지 못하고 거짓 보배에 눈이 뒤집혀 하루하루를 허비하고 있습니다.

　사랑하는 가족과 함께하는 저녁 식사와 따뜻한 대화가 진짜 보배이지만, 저는 늘 부동산 시세와 세계 경제 동향이란 키워드로 유튜브를 검색하며 하루하루를 낭비하고 있지요. '어떻게 하면 재산을 더 불릴 수 있을까?' 혹은 '어디에 투자해야 내 돈이 늘어날까?'라는 욕심이 덕지덕지한 마음으로는 진짜 보배를 찾아낼 수 없습니다. 내 삶의 기록인 나만의 《춘추》에 무엇이 기록될지 늘 고민하는 삶이야말로 지극한 즐거움에 다다르는 길인지 모릅니다. 오늘도 저는 탐욕을 부리다가는 화를 입게 된다는 저 장자의 준엄한 경고를 되새기며, 하루를 마무리합니다.

## 필사 노트

DATE    /    /

貪<sup>탐</sup>財<sup>재</sup>而<sup>이</sup>取<sup>취</sup>慰<sup>위</sup>
貪<sup>탐</sup>權<sup>권</sup>而<sup>이</sup>取<sup>취</sup>竭<sup>갈</sup>

재물을 탐내다 병이 들고,
권세를 탐하다 기력을 소진하게 된다.